Bei Anruf Börsenhai

In Deutschland ist es noch immer schwieriger, eine Gaststätte zu eröffnen, als am Grauen Kapitalmarkt mit Millionen zu jonglieren – der Titel des Anlageberaters ist weder staatlich noch berufsständisch geschützt, strenge Zugangsregeln zu diesem Beruf gibt es nicht. Gleichzeitig wird das Angebot an Anlagemöglichkeiten im Zug der Internationalisierung der Kapitalmärkte und des ständigen Stroms von Finanzinnovationen selbst für Experten immer unübersichtlicher.
Das kommt den schwarzen Schafen der Branche zupaß. Sie nutzen die Situation für sich, um ungehemmt zu Lasten der unbedarften Anleger dem Götzen Geld zu frönen. Marita F. Thiel beschreibt die Geschäftspraktiken der Akteure des Grauen Kapitalmarkts, in dessen Schlund jährlich zweistellige Milliardenbeträge verschwinden, meistenteils auf Nimmerwiedersehen. Ihr bevorzugtes Verkaufsinstrument ist das Telefon. Opfer sind nicht nur die geprellten Anleger, sondern oft genug auch die kleinen Fische der Branche, die paramilitärisch gedrillt und gnadenlos ausgebeutet werden.

Marita Thiel lebt in Berlin. Sie ist freiberufliche Dozentin und Beraterin für Kommunikation und Verkauf. In ihren Seminaren und Trainings für Unternehmen behandelt sie insbesondere Fragen der Organisation und Strategie des Telemarketing.

Marita Thiel

Bei Anruf Börsenhai

Wie dubiose Telefonverkäufer Jagd auf unser Geld machen

Mit einem Nachwort von
Klaus Dittke

Campus Verlag
Frankfurt/New York

Die Deutsche Bibliothek – CIP-Einheitsaufnahme

Thiel, Marita:
Bei Anruf Börsenhai: wie dubiose Telefonverkäufer
Jagd auf unser Geld machen / Marita Thiel.
Mit einem Nachw. von Klaus Dittke. –
Frankfurt/Main ; New York : Campus Verlag, 1996
ISBN 3-593-35462-4

Umschlaggestaltung: Walter Hagenow, Frankfurt
Satz: Typo Forum Gröger, Singhofen
Druck und Bindung: Friedrich Pustet, Regensburg
Gedruckt auf säurefreiem und chlorfrei gebleichtem Papier.
Printed in Germany

Für Inge und Ramiro

Inhalt

Wer kauft?
Eine Opferbeschreibung

Wie wird verkauft?

Was wird verkauft?
Märkte und Produkte

Wie wird verdient?

Was tun im Schadensfall?

Vorwort

Das hervorstechendste Merkmal des Grauen Kapitalmarktes ist seine komplexe, aber dennoch flexible Unternehmensstruktur. Bedingungen und Gegebenheiten des Marktes und eventueller gesetzlicher Schranken wird durch perfekte und schwer zu entschleiernde Tarnungsmanöver entsprochen. Aus diesem Grund kann und will dieses Buch nicht den Anspruch erheben, eine vollständige Darstellung der Börsenhaiszene abzuliefern. Namen von Firmen, Drahtziehern und Hintermännern sind zwar real, bilden jedoch keine vollständige Gesamtheit. Dies wäre ein unmögliches Unterfangen. Aus gleichem Grund wird auf Checklisten verzichtet, wie sie immer wieder in den Medien veröffentlicht werden. Sie sollen dem Anleger ermöglichen, seriöse von unseriösen Anbietern zu unterscheiden, sind dabei aber nichts anderes als ein Leitfaden für den Betrüger, der seine Unternehmensstruktur im Sinne einer Negativbestimmung derartigen Listen anpaßt und seinem Opfer darlegt, er gehöre zur seriösen Seite. Somit wird das Gegenteil dessen, was ursprünglich beabsichtigt war, nämlich Verbraucherschutz, erreicht.

Schützen kann sich der Verbraucher letztendlich nur selbst: Jedes Anlageangebot, das weit über den banküblichen Renditerahmen hinausgeht und/oder durch einen unaufgeforderten Telefonanruf unterbreitet wird, sollte prinzipiell abgelehnt werden.

Einleitung

Börsenspekulation, das ist für die einen ein nicht mehr wegzudenkendes Instrument des privaten und geschäftlichen Finanzmangements, für die anderen ist die Partizipation am Börsengeschehen ein Eintauchen in eine faszinierende Welt, deren Regeln nur ein paar Auserwählte kennen und beherrschen. Wie auch immer die Einstellung zum Börsengeschäft sein mag, es bedarf eines vertrauensvollen und integeren Partners, der über genügend Scharfsinn und Kompetenz verfügt, um in dieser Welt nicht nur bestehen, sondern auch langfristig Profite erwirtschaften zu können. Die Zahl derer, die hier ihre Dienste anbieten, steigt täglich, und der Anleger steht vor einem undurchsichtigen Wirrwarr verlokkender und vielversprechender Angebote. Es sind weniger die großen Brokerhäuser oder Banken, von denen die Hauptgefahr ausgeht. Sicherlich sind sie die Brutstätte der Golden boys, junger, erfolgreicher Broker, die mit allen Wassern gewaschen sind und keinen Weg scheuen, um den Big deal zu machen. Doch die durchtriebenen und kriminellen Machenschaften dieser Yuppie-Millionäre werden früher oder später durchschaut und nicht selten durch eine Schließung der jeweiligen Gesetzeslücke in der Zukunft unterbunden.

Die größte Gefahrenquelle, vor allem in Deutschland, geht von kleinen, fachlich wenig versierten Betrügern aus. Sie machen sich das Bild vom glorreichen Broker zu eigen, erwecken ein Klischee zum Leben und gehen mit dieser perfekten Maske und dem Wissen um das Funktionieren der menschlichen Psyche auf Kundenfang. Eine Garde schäbiger, aber wohlorganisierter Gauner macht so Jagd auf das Geld unbedarfter Anleger.

Der Gesetzgeber befindet sich in einem Dilemma, denn solange man bestrebt ist, den Finanzplatz Deutschland konkurrenzfähig und attraktiv zu machen, wird es unmöglich sein, den Grauen Kapitalmarkt einzudämmen. So wird er auch weiterhin abseits geregelter Geldmärkte und kontrollierter Institutionen gedeihen. Das Marktsegment hat jedoch schon jetzt bedrohliche Ausmaße angenommen. Anlagebetrug spürt das Bundeskriminalamt pro Jahr rund 250 mal auf. Vorsichtig geschätzt müssen dabei ca. 25 000 Anleger empfindliche Verluste oder sogar einen Totalverlust hinnehmen. Allein in der Bundesrepublik versickern jedes Jahr schätzungsweise 40 Milliarden Mark im Grauen Kapitalmarkt. Ca. 15% ihrer jährlichen Ersparnisse werfen die Bundesbürger den Geldrittern in den Rachen. Die Dunkelziffer mag beträchtlich höher sein, da viele Betroffene aus Scham oder Angst vor dem Fiskus den Weg zum Gericht scheuen. Trotz verstärkter Aufklärungsarbeit durch die Medien steigt die Anzahl der Geschädigten von Jahr zu Jahr.

Im Vergleich zu europäischen Nachbarn bietet die Bundesrepublik einen idealen Nährboden für Geldhaie aller Art. Lückenhafte Gesetzesgrundlagen und eklatante personelle und fachliche Defizite bei den Ermittlungsbehörden leisten der Ausbreitung des Abzockergewerbes immer weiter Vorschub.

Der vorherrschende Bankenservice ist ein weiterer Faktor für das stete Wachstum dieses kriminellen Marktvolumens. Unpersönlicher Schalterbetrieb gepaart mit mangelndem Engagement und bestechender Inkompetenz in Sachen Geldanlage sind die scheinbar bevorzugten Marketinginstrumente deutscher Banken. Da ist es wenig verwunderlich, daß Kunden von den Bemühungen und dem Einsatz der Geldvernichter zunächst positiv beeindruckt sind.

Justiz und Behörden sehen sich machtlos gegenüber der schnellen Entwicklung und den geschickten Tarnungs- und Anpassungsmaßnahmen dubioser Finanzberater. Filigran miteinander verwobene Firmenkonglomerate und raffinierteste Abzockermethoden erschweren teilweise selbst Fachleuten das Urteil darüber, ob es sich um einen Finanzhai oder um einen seriösen Berater handelt. Und vom Verdacht bis zur Verurteilung ist es oft ein langer, mühseliger Weg.

Das Netz der Firmen überzieht längst den gesamten deutschsprachigen Raum. Zusätzliche Stützpunkte und Schaltzentralen in allen Kontinenten sind dabei keine Seltenheit. Ballungszentren bilden die Städte, die über einen der bekannteren Börsenhandelsplätze verfügen: Hamburg, Düsseldorf, Stuttgart, Frankfurt, München und Berlin. Doch auch verträumte Provinzstädtchen werden immer wieder heimgesucht und systematisch abkassiert. Pro Großstadt sind etwa 100 bis 150 Firmen der unseriösen Art ansässig und versuchen, dem Anleger mit Hochglanzprospekten und traumhaften Renditeversprechungen sein Erspartes zu entlocken. Immerhin haben die Deutschen ca. vier Billionen Mark auf der hohen Kante: mehr als eine Herausforderung für den Grauen Kapitalmarkt. Verkauft wird alles und nichts. Von Optionen auf Dow-Jones-Werte über Aktien des amerikanischen Freiverkehrs oder Werte der sogenannten Tigerbörsen bis hin zu ominösen Helikoptergeschäften in den GUS-Staaten ist alles möglich.

Das entscheidende Verkaufsinstrument ist das Medium Telefon. Rhetorisch perfekt geschult machen Börsenhaie täglich Jagd auf den Kunden. Verdient wird bei Geschäften dieser Art immer, und zwar ausschließlich auf der Verkäuferseite.

Wer verkauft?

Wer in Deutschland am Börsengeschehen partizipieren will, dem bieten Banken, Repräsentanzen amerikanischer Brokerhäuser, Discountbroker und dubiose Vermittlungsfirmen zu unterschiedlichsten Konditionen ihre Dienste an. Abhängig von seinen Wünschen, seinem Informationsstand und der verkäuferischen Leistung der jeweils akquirierenden Unternehmung, entscheidet der Anleger, wem er sein Vertrauen schenkt. In erster Linie gilt es, abzuwägen zwischen Serviceleistung und Gebührensituation. Brokerhäuser, ganz gleich ob seriös oder unseriös, haben im Vergleich zu deutschen Banken auf den ersten Blick einen bestechend gut organisierten Kundenservice zu akzeptablen Konditionen. Über das Medium Telefon werden Interessenten und Kunden in regelmäßigen Abständen kontaktiert und über den Stand der Dinge, sprich ihres Kontos, informiert und bei der Gelegenheit zu weiteren Käufen animiert. Die Kunden empfinden die Betreuung durchweg als kundenfreundlich und informativ; die wenigsten realisieren, daß es dem Anrufer bei jedem Kontakt nur darum geht, neues Geld zu kassieren. Ihren vermeintlichen Service lassen sich die unseriösen Häuser zweifellos fürstlich entlohnen, doch viele Kunden wissen nicht einmal genau zu sagen, wieviel von ihrer Einlage in die Taschen des Vermittlers wandert. Die möglichen Kosten für An- und Verkauf schwanken zwischen 1 und 46 % der Einlagesumme. Weiterhin können Depotkosten, Verwaltungsgebühren und Gewinnbeteiligungen zu Buche schlagen.

Da die deutschen Banken den Faktor Kundennähe als Marketingstrategie weder zum Einsatz bringen noch begriffen haben, kehren immer mehr unbedarfte Anleger ihrer Hausbank den Rükken, wenn es um Geldanlage geht, und flüchten sich unwissentlich in die Arme der Börsenhaie. Es sind vor allem die mittleren und kleineren Anleger, die von den Banken keine positive Beachtung erfahren und die Schwindelfirmen als Alternative sehen. Die dubiosen Häuser zeichnen sich durch einen steten Kontakt zum Kunden aus. Auch dann, wenn das Konto bescheiden ist. Der Kontakt wird jedoch jäh abgebrochen, ist der Kunde nicht mehr bereit, neues Geld nachzuschießen.

Der Börsenhai definiert bereits die Akquisitionsphase als Serviceleistung:

»Herr Interessent, ich werde Sie jetzt zwei Monate lang mit den selben Informationen versorgen wie meine besten Kunden. Danach entscheiden Sie, welcher Service der bessere ist und wo Sie wohl die höhere Rendite zu erwarten haben.«

Wen würde diese aufmerksame, persönliche Betreuung nicht angenehm überraschen? Dem Telefonhai, dessen Firma über Online-Programme und aktuelle Dokumentationsmedien des amerikanischen Aktien- und Terminmarktes verfügt, wird es nicht schwerfallen, seinen neuen Interessenten von seiner Kompetenz zu überzeugen: Schließlich ist er der Berichterstattung der deutschen Wirtschaftsmedien immer um einen Tag voraus. Da kann selbst der Dümmste exakte Vorhersagen treffen.

Viele Vermittlungsfirmen bieten außerdem, wenngleich in den meisten Fällen nur auf dem Papier, einen Full-time-Service bis in die späten Abendstunden an. Kühl berechnend gehen sie davon aus, daß nach der üblichen Geschäftszeit sowieso kein Kunde mehr anrufen wird. Welcher deutsche Normalanleger denkt schon um 22 Uhr über sein Portfolio nach?

Broker und Geldhaie

Eine kleine Straße in Manhattan, das ist das Finanzzentrum der Vereinigten Staaten. Hier, in der Wall Street, befindet sich das Gebäude der wohl bekanntesten und wichtigsten Börse der Welt: der NYSE, New York Stock Exchange. Die 1.366 Mitglieder dieser Börse, in der Mehrzahl handelt es sich um Brokerhäuser, werden des Privilegs wegen als *The Club* bezeichnet. Die zweitgrößte amerikanische Börse ist die ebenfalls in New York ansässige AMEX, American Stock Exchange. Neben amerikanischen Aktien werden hier auch ausländische Werte gehandelt. Alle weiteren amerikanischen Börsen sind den beiden erstgenannten hinsichtlich Wichtigkeit, Größenordnung und Handelsvolumen untergeordnet.

1933 wurde in Amerika durch den Glass Steagall Act die Trennung der Banken vom Effektengeschäft vollzogen. Anders als in Deutschland, müssen dort Wertpapiergeschäfte ausnahmslos über einen Broker bzw. ein Brokerhaus abgewickelt werden. Wer die Berufsbezeichnung Broker tragen möchte, kann vor der amerikanischen Börsenbehörde unterschiedlich gestaffelte Prüfungen ablegen. Für das Aktiengeschäft gilt die sogenannte Series 7-Prüfung, für den Options- und Warenterminhandel die Series 3-Prüfung. Auch in der Bundesrepublik können diese Prüfungen mittlerweile abgelegt werden, obwohl es den Berufsstand des Brokers hier nicht gibt. Das deutsche Effektengeschäft obliegt in seiner gesamten Tragweite den Banken und bietet dem Beruf des Brokers keinen Handlungsspielraum. Entsprechend zählt der Begriff nicht zu den geschützten Berufsbezeichnungen. Er kann in Deutschland von jedem geführt werden, der sich dazu berufen fühlt oder seine Visitenkarte mit dem Titel zieren möchte. Die deutschen Pseudo-Broker und Herrscharen krimineller Finanzberater haben bei der Betitelung ihrer Tätigkeit absolute Wahlfreiheit, und der Phantasie sind keine Grenzen gesetzt. Zu den am häufigsten gewählten Bezeichnungen zählen:

- Broker
- Finanz- und Investmentberater
- Wertpapier- oder Portfolioberater

- Portfolio Salesman
- Investmentmanager
- Investment Executive
- Account Executive
- Financial Consultant

Doch diese Titel allein sind keine Erkennungszeichen für Börsenabzocker, denn es gibt sie, die seriösen und zuverlässigen Finanzberater ebenso wie die versierten und professionellen Broker.

Finanzberater, die nicht einer Bank oder Sparkasse unterstellt sind, gelten in der Bundesrepublik als Vermittler und unterliegen damit einer gesonderten rechtlichen Bewertung. In Amerika darf nur ein zugelassener und geprüfter Broker Ankaufs- und Verkaufsentscheidungen treffen und ausführen. In Deutschland ist es jedem Vorbestraften und jedem Maurerlehrling mit abgebrochener Ausbildung erlaubt, mit den Millionen unbedarfter Anleger zu dilettieren.

Die großen amerikanischen Brokerhäuser sind Mitglied an mindestens einer Präsenzbörse und sind dort durch ihre Broker, die nach ihren Aufgabengebieten unterschieden werden, vertreten.

Stockbroker

Der sogenannte Stockbroker ist derjenige, der das Hintergrundwissen, den Research, nach außen vermittelt. Er steht mit den Kunden in Kontakt und berät hinsichtlich verschiedener Anlagestrategien. Jeder Stockbroker in Amerika hat zumindest die Series 7-Brokerprüfung abgelegt und ist bei der SEC (Securities Exchange Commission), der amerikanischen Börsenaufsichtsbehörde, registriert.

Discountbroker

Discountbroker zeichnen sich durch ihre vergleichsweise niedrigen Gebühren aus, da sie auf jegliche beratende Funktion gegenüber dem Kunden verzichten. Der Kunde erteilt eine Order, die seiner Angabe entsprechend ausgeführt wird. Das Modell hat mittlerweile auch in Deutschland Schule gemacht und sich durchaus bewährt. Der Kunde ist derjenige, der über den Zeitpunkt von An- und Verkauf entscheidet und für die Zusammensetzung seines Portfolios verantwortlich ist. Nachdem der Broker die Ordern erhalten hat, werden sie an den Floorbroker weitergeleitet.

Floorbroker und Two Dollar Broker

Dieser ist der tatsächlich Ausführende. Floorbroker sind Angestellte eines Brokerhauses und agieren auf dem Börsenparkett, sofern ihre Firma über einen Platz an der jeweiligen Börse verfügt. Kleinere Ordern unter einer Stückzahl von 100 Papieren werden an den *Two Dollar Broker* weitergeleitet. Dieser führt alle Odd-lot Ordern aus, also solche Ordern, die geringer sind als 100 Stück.

Specialists

Eine Order, die vom Broker nicht plaziert werden kann, wird dem Specialist übergeben. Er beobachtet die Preisbewegung und versucht, Möglichkeiten zu finden, bisher nicht plazierte An- und Verkaufsordern durchzusetzen. Finden sich weder Käufer noch Verkäufer zum gewünschten Preis, kann der Specialist die Aufgabe eines Dealers übernehmen und selbst Aktien kaufen und verkaufen. Dies hat fast immer eine günstige Auswirkung auf die Spanne (spread) zwischen An- und Verkaufspreis (ask und bid). Die Werte bleiben somit im Handel und der Specialist sichert seine Kommission.

Verdienst und Zusammenarbeit

Jedes Brokerhaus und jeder Broker lebt von Kommissionen (Commission), die der Kunde in Form von Gebühren zu zahlen hat. Nur bei einer ungewöhnlich großen Order werden Nachlässe gewährt. Brokerhäuser sind unbedingt daran interessiert, die Kundekonten in Bewegung zu halten, denn nur dann kann verdient werden. Vom seriösen Brokerhaus bis zum kleinen Vermittler leben alle von diesem Prinzip. Mit einem Unterschied: Die selbsternannten Broker verfügen im Vergleich zu den großen amerikanischen Brokerhäusern, die in Deutschland durch Repräsentanzen vertreten sind, nur über einen Bruchteil an zu verwaltenden Kundenkonten und sind deshalb darauf angewiesen, zusätzliche Verdienstmöglichkeiten zu schaffen.

Hier eine rangmäßige Auflistung der größten amerikanischen Brokerhäuser:

- Merril Lynch, Pierce, Fenner & Smith Inc.
- Shearson Lehmann Hutton Inc.
- Dean Witter Reynolds Inc.
- Prudential Bache Securities
- Paine Webber Inc.
- A. G. Edwards & Sons Inc.
- Thomson McKinnon Securities Inc.
- Smith Barney, Harris Upham & Co. Inc.
- Kidder Peabody & Co Inc.
- Bear Stearns & Co Inc.

Merril Lynch ist mit 13000 beschäftigten Brokern und einem festen Stamm von ca. 6 Millionen Konten der Gigant unter den Brokerhäusern. Bear Stearns hat immerhin noch 2000 Broker und verwaltet 150000 Depots.

Von solchen Zahlen sind die deutschen Vermittler, auch wenn sie sich als selbständige Broker und ihre Firmen als Repräsentanzen amerikanischer Broker- oder Investmentbankhäuser bezeichnen, weit entfernt. Die hohe Totalverlustquote hat zur Folge, daß viele Konten nicht mehr zu bewegen sind. Ein durchschnittlicher

Telefonverkäufer lebt von ca. 200 Konten. Nicht selten sind 50% davon bereits zu Tode verwaltet.

Der Aktien- oder Terminvermittler reicht seine Ordern an ein Brokerhaus weiter und kassiert für diese banale Dienstleistung horrende Gebühren. Es ist keine Seltenheit, daß Vermittler durch den Ankauf von großen Aktienpaketen als *Principal* agieren und maßgeblich an der Preisgestaltung beteiligt sind. Auf die sowieso überhöhten Gebühren können sie jetzt ganz legal nochmals 5% aufschlagen.

Diejenigen unter den Börsenhaien, die das Geld tatsächlich plazieren, praktizieren folgende Varianten:

1. Sie verfügen über eine Brokerverbindung in den Vereinigten Staaten. In der Regel sind dies kleinere Häuser mit wenigen Mitarbeitern und zum Teil dürftiger Ausstattung. In einigen Fällen handelt es sich um Brokerfirmen, die wegen Verstößen gegen das amerikanische Börsengesetz bereits unter der Beobachtung der SEC stehen und nur noch durch die Zusammenarbeit mit kriminellen, ausländischen Vermittlern überleben können. Sie agieren ausschließlich auf dem *third market*, da sie über keine Börsenplätze verfügen. Das heißt, alle Werte werden im Computerhandel ge- und verkauft. Die Hintermänner der Vermittler, die im Fließbandverfahren Scheinfirmen gründen, um deren Aktien auf dem deutschen Markt feilzubieten, arbeiten eng mit diesen angeschlagenen, amerikanischen Brokerhäusern zusammen.
2. Bei der deutschen Niederlassung eines amerikanischen und vielleicht sogar renommierten Brokerhauses wird ein Konto eröffnet. Sämtliche Ordern werden nun an diesen Broker weitergegeben und von ihm ausgeführt. Die Kundengelder fließen auf einem Sammelkonto zusammen. Die Kontoführung allerdings übernimmt der Börsenhai selbst oder läßt sie von einer kontrollierbaren, externen Stelle durchführen. So kann bei Bedarf jederzeit auf die Kontodokumentation Einfluß genommen werden. Die Brokerhäuser ihrerseits distanzieren sich selbstverständlich offiziell von den Machenschaften und waschen ihre Hände in Unschuld. Kooperationen dieser Art

sind in erster Linie finanziell interessant. Für jeden Trade werden ca. 100 US-Dollar berechnet. Der Vermittler kassiert darüber hinaus seine hauseigenen Gebühren. Nur der Kunde hat nicht die geringste Ahnung davon, daß er eigentlich Kunde eines völlig anderen Hauses ist.

Kleinere bis mittlere Brokerhäuser leben nicht schlecht davon, daß sie den Börsenhaien auf halbem Weg entgegengehen, indem sie die Sammelkonten der Vermittlungsfirmen kommentarlos verwalten. Manch eine Transaktion wäre nicht denkbar ohne die Zuarbeit eines mehr oder weniger seriösen Brokerhauses. Holderer & Partner etwa arbeiten mit Dominick & Dominick und der New Yorker Broker AG zusammen. Vom Börsenhai gut geschmierte und ihm wohlgesonnene Mitarbeiter sind dann auch schon mal bereit, die Konten, auf denen das Geld der Kunden vermeintlich sicher angelegt ist, aufzulösen und dem Börsenhai gutzuschreiben. So geschehen bei Dean Witter Reynolds. Wird das Geld dann über mehrere Konten ins Ausland verschoben, bleibt es für den Kunden unauffindbar.

Nicht selten kommt es zu Differenzen zwischen Broker und Vermittler oder zwischen SEC und dem Brokerhaus. Die Ursachen dafür liegen sowohl in den hoffnungslosen Verlustgeschäften und den heruntergewirtschafteten Kundenkonten als auch in den dahinterstehenden kriminellen Machenschaften. Kursmanipulationen stehen an erster Stelle. Sobald der Broker Gefahr wittert, daß Nachschüsse aufgrund der desolaten Anlagepolitik des Vermittlers nicht mehr geleistet werden können, darf er die Notbremse ziehen und Konten zwangsliquidieren. Daß die Kunden davon immer als letzte erfahren, spätestens dann, wenn sie nicht mehr über ihr Geld verfügen können, versteht sich wohl von selbst. In einem besonders krassen Fall hat ein kleines amerikanisches Brokerhaus seine Pforten schließen müssen, weil es den Bestimmungen der SEC mehrfach zuwider gehandelt hatte. Das kleine Büro war für zwölf Tage geschlossen, bevor sich ein Nachfolger mit besserem Leumund gefunden hatte. Während dieser Zeit konnten keinerlei Trades abgewickelt werden, doch die Verkäufer des deutschen Vermittlungshaies haben weiter fleißig Geld eingesammelt, ohne An- und Verkäufe überhaupt durchführen zu können und ohne zu wissen, wer der nächste Geschäftspartner sein wird. Wieder waren es rhetorische Floskeln, die den Anleger von den wirklichen Geschehnissen ablenkten.

Eine Täterbeschreibung

Schon seit vielen Jahren boomt es regelrecht in der Branche der Finanzritter. Immer mehr Möchtegern-Bankiers fühlen sich berufen, dem privaten Anleger mit Tips und Tricks zur Seite zu stehen. Doch den meisten, die ihre Dienste anbieten, fehlt es an Erfahrung und Seriosität. Wer in Deutschland als Finanzberater tätig werden möchte, muß weder berufliche und persönliche Qualifikationen noch Erfahrungen in diesem Bereich nachweisen. Es ist schwieriger und bedarf größerer Aufwendungen, einen Stehimbiß zu eröffnen als ein Finanzdienstleistungs- oder Börsenvermittlungsunternehmen. Aufgrund der geltenden Gewerbefreiheit kann in Deutschland jeder, ohne großen Aufwand zu betreiben, eine Kapitalvermittlungsgesellschaft gründen. Es genügen der Wunsch und eine Gewerbeanmeldung nach § 34 c GO, die nichts anderes darstellt als ein erweitertes Führungszeugnis. Wer ein solches aus unschwer nachvollziehbaren Gründen scheuen muß und ein paar Mark sparen will, beruft sich auf reine Vermittlungstätigkeit und verzichtet auf die Ausübung nach § 34 c. Beim zuständigen Gewerbeamt ist die Anmeldung des Gewerbes schnell abgetan und kostet zwischen 30 und 50 DM. Für die ersten Visitenkarten sorgt in der Regel die Firma, ansonsten leisten der Visitenkartenautomat am Hauptbahnhof oder der Heimcomputer ebenso gute Dienste.

Bundesweit gibt es ca. 850000 Personen, die sich mit dem Titel Finanzberater o. ä. schmücken. Lediglich 350 davon sind bei der FiFa, dem Bundesverband für Finanzdienstleistungen in Berlin, organisiert. Von ihren Kunden werden die Telefonhaie als sympathisch, intelligent und kompetent beschrieben. Die Realität sieht anders aus: Gescheiterte Existenzen mit kriminellem Geschick und genügend Skrupellosigkeit sind die beratenden Börsenspezialisten. Mehr als 90% der Anleger haben ihren Berater niemals zu Gesicht bekommen.

Das Büro eines Börsenvermittlers ist ein Auffangbecken für Suchende, Gescheiterte und Kriminelle. Nur selten verirren sich hierher Personen, die das Börsengeschäft ernsthaft betreiben möchten. Und wenn, dann ist ihr Aufenthalt von kurzer Dauer. Die Branche wird bestimmt von Alkoholikern, Dealern und Rauschgiftsüchtigen, Tablettenabhängigen und neuerdings auch immer mehr von Zuhältern. Adolf Johann Rall gehört zu jenen, die das Rotlichtmilieu gegen die nicht weniger dunkle Welt der Börsenvermittler eingetauscht haben. Ohne Vorkenntnisse, doch mit dem festen Willen, viel Geld zu verdienen, und einer straffen firmeninternen Aufbauorganisation stieg Rall in das Vermittlungsgeschäft ein. Mit teilweise mehr als 70 Telefonverkäufern verkaufte er anlagewilligen Kunden seine selfmade Penny stocks. Die finanziellen Ergebnisse, die daraus resultierten, waren grandios – zumindest für Rall. Schätzungsweise 100 Millionen Mark verschwanden in Ralls Trevira-Börse (Branchenjargon für Hosentasche). Die Aktien, die er seinen gutgläubigen Anlegern in ihre Depots buchte, gehörten ausnahmslos zu obskuren amerikanischen Gesellschaften, hinter denen sich kein anderer verbarg als Rall selbst. Mittlerweile hat das Beispiel im Rotlichtmilieu Schule gemacht. Immer mehr zweifelhafte Gestalten des horizontalen Gewerbes drängen auf den Grauen Kapitalmarkt und übernehmen maßgebliche Funktionen beim Geldeinsammeln. In Großstädten wie Frankfurt und Hamburg werden die Verbindungen zwischen Rotlicht- und Brokerszene immer komplexer. Es sind unübersehbare Anzeichen, die darauf hindeuten, daß auch anderenorts die Börsenabzockerbranche unter der Herrschaft der Rotlichtfürsten steht. Diese zunehmende Verquickung von organisierter Kriminalität und Grauem Kapitalmarkt wird in der Zukunft prägende Spuren hinterlassen: Die Methoden innerhalb der Firmen werden noch rüder werden, Aggression und Gewalt werden mehr als bisher die Funktionsprinzipien bestimmen. Es steht außer Frage, daß Mitarbeiter wie Kunden in zunehmendem Ausmaß unter Androhung physischer Gewalt zu funktionieren haben. Die Fäden, seien sie national oder weltweit, werden filigraner gewoben sein, so daß die Justiz noch diffizilere Ermittlungsarbeit zu leisten hat, bis sie den eigentlichen Drahtziehern auf die Schliche kommt.

Vorstrafen sind bereits heute für die Ausübung dieses Berufes kein Hindernis, sondern eher ein Beleg für geschäftstüchtige Hemmungslosigkeit, und die verheißt der Firma einen satten Gewinn. Der ehemalige Maurer Volker Scharmann hatte bereits 16 Vorstrafen wegen Betrugs, Urkundenfälschung und Körperverletzung hinter sich, als er die Firma Nettleville Investment Ltd. mit Sitz in London und Campione gründete. Der ersehnte Erfolg ließ nicht lange auf sich warten. Gemeinsam mit seinem Geschäftspartner und Freund Peter Jagim baute er ein Geflecht von mehreren, miteinander arbeitenden Schein- und Abzockerfirmen auf. Als Mutterunternehmen fungierte die EEH, European Enterprises Holding. Zumindest auf dem Papier hatte Scharmann in ungefähr zehn Firmen Führungspositionen inne. Unter falschem Namen, z. B. als Marc Correl, diesem unterstand die Firma MaCoPa, Marc Correl & Partner, Dr. Brinkmann oder als Philip Marlowe, war er über mehrere Jahre hinweg in der Finanzdienstleistungsbranche unterwegs und kassierte gnadenlos ab. Noch bis zum Zusammenbruch des Kartenhauses schätzten ihn seine Kunden als kompetenten und kultivierten Geschäftspartner, ohne auch nur die Spur einer Ahnung von der wahren Persönlichkeit ihres kriminellen Telefonbrokers zu haben.

Der Vater der Abzocker

Über drei Kontinente verteilten sich die etwa hundert, eng miteinander verknüpften Firmen des Bernard Cornfeld. Nach dem Zusammenbruch des Abzockerimperiums blieben weltweit 800000 Geschädigte, davon 30000 mit deutscher Staatsbürgerschaft, zurück.

Als Sohn rumänischer Eltern wird Bernard Cornfeld (Bernie) 1927 in Istanbul geboren. Anfang der 40er Jahre emigriert die Familie nach Amerika. Cornfeld ist fast 30 Jahre alt, als er Jack

Dreyfus, den Inhaber einer Fondgesellschaft, trifft. Mit einer Lizenz zum Verkauf von Fondanteilen übersiedelt Bernard Cornfeld nach Paris und schafft es, innerhalb von zwei Jahren 70 Verkäufer vor seinen Karren zu spannen. Wenige Jahre später werden es bereits 16000 sein. Mitte der 60er Jahre ruft der geldbesessene Cornfeld die IOS (Investors Overseas Services), eine Vermögensberatungsgesellschaft, ins Leben. Den seriösen Anstrich besorgt ein ehemaliger Schweizer Bankdirektor. In seinem Eigenheim gründet er die Bruno A. Hugi Banque Privée und wird zum Chef des Anlagenressorts ernannt. Das rechtliche Fundament mauert der berüchtigte Rechtsanwalt Ed Cowett, der zu diesem Zeitpunkt von zwei Kanzleien wegen Unterschlagung angeklagt ist. Anleger, die sich nur schwer beeindrucken lassen, ändern schlagartig ihre Meinung, wenn sie die Liste der Aufsichtsratsmitglieder vorgelegt bekommen: Pat Brown, ehemaliger Gouverneur von Kalifornien, Sir Eric Wyndham White, ehemaliger Generaldirektor von GATT, Erich Mende, damaliger FDP-Vorsitzender, James Roosevelt, Sohn des ehemaligen Präsidenten.

Zum ersten Mal in der langen Geschichte der Börsenhaie wird der Vertrieb straff organisiert. Militärische Strukturen und psychologisch ausgefeilter Motivationsdrill versetzen das Heer der Verkäufer in einen regelrechten Geldrausch. Die Beförderung eines Vertriebsmitarbeiters ist abhängig von den erbrachten Umsatzzahlen. Nur wer eine bestimmte Summe über einen bestimmten Zeitraum nachweisen kann, gelangt in die nächsthöhere Provisionsstaffel und darf sich mit eindrucksvollen Titeln wie Sales Director oder International Sales Manager schmücken. Die derart unter Druck gesetzten Verkäufer laufen zu Höchsformen auf und erbringen Riesenumsätze. Cornfeld verkauft jedoch nicht nur Fonds, er verkauft einen Traum, eine Vision: die Vision vom großen Geld. Als Meister der Motivation infiziert er Verkäufer und Kunden gleichermaßen mit seiner Idee und macht damit Millionen. In ihren Anfängen beschränkt sich die IOS auf die in Deutschland stationierten Amerikaner. Doch bald erkennt die Mannschaft, daß sie ein weitaus größeres Feld bearbeiten kann. So werden neue Zielgruppen erschlossen, und Deutschland wird zu einem der wichtigsten Märkte. Anleger in allen Größenordnungen vertrauen ihr Geld der IOS an. In diesen Jahren ist der Aktienmarkt eine Einbahnstraße, und der Fondverkauf floriert. Mit dem Nachlassen der Hausse jedoch verkommt die IOS immer mehr zu einer gigantischen Betrugsmaschinerie. Wertlose Aktien werden zu immer größeren Anteilen in die Fonds gepumpt, denn das oberste Ziel der IOS ist, die Taschen ihrer Initiatoren zu füllen. 1962 kreiert Cornfeld den Fund of Funds, einen Fond, der sich wiederum aus verschiedenen Fonds zusammensetzt. Die Verkäufer sind begeistert, denn das bedeutet doppelte Provisionen: zum einen für den Verkauf des FOF, zum anderen für den Verkauf der darin enthaltenen Fonds. In kürzester Zeit schwillt der FOF auf ein Kapital von mehr als 2,5 Milliarden US-Dollar an. Cornfeld und seine Gefolgsleute schwimmen in Geld und genießen den Ruhm mit allem, was dazu gehört: Privatjet, Nobelresidenzen, rauschende Feste und, worauf Bernie besonderen Wert legt, hübsche Mädchen. Damit diese ihm immer reichlich zur Verfügung stehen, gründet er gleich mehrere Modelagenturen. Dann wird die ursprüngliche Konzeption des FOF erweitert und wertlose Aktien werden dem Fond hinzugefügt, um den Geldfluß auch zukünftig zu gewährleisten. Zwei Kategorien stehen im Vordergrund:

1. Aktien von Scheinfirmen und Tochtergesellschaften des Vermittlungshaies, die zu überhöhten Preisen in die Fonds aufgenommen werden und den Drahtziehern mächtige Gewinne einbringen;
2. Aktien solcher Unternehmen, die sich in finanziellen Nöten befinden und über die Ausgabe zusätzlicher, unregistrierter Aktien die Misere abzuwenden suchen.

Derartige Papiere werden auch jetzt noch zu Konditionen weit unterhalb des Marktpreises angeboten und über die sogenannten Market Maker außerhalb Amerikas verkauft. Diese Maßnahme läßt die Verantwortlichen der IOS als Börsengötter erscheinen, denn durch die unterhalb offizieller Notierungen gekauften Werte lassen sich steigende Kurse mit Leichtigkeit prognostizieren und auch verbuchen. Doch der Gewinn existiert lediglich auf dem Papier. In Wirklichkeit schreibt die Firma längst keine schwarzen

Zahlen mehr. Als die Fondkunden beginnen, ihre Fondzertifikate einzulösen, ist das Ende vorprogrammiert. Bevor es zu einem endgültigen Aus kommen soll, engagiert man den Industriellen Robert Vesco, der seinem Ruf als Finanzgenie alle Ehre macht. Es gelingt ihm, durch mehrere Scheingeschäfte und komplizierte Geldtransaktionen über Banken in Nassau und vergleichbaren Orten die verbleibenden Vermögenswerte der IOS an sich zu reißen. Der finanzielle Schaden dieser Gaunerposse kann nur geschätzt werden. Die SEC geht von 250 Millionen Dollar aus, andere Stimmen sprechen von mindestens einer Milliarde. Ein Schweizer Gericht verklagt Cornfeld schließlich wegen Betrugs. Nach einem Jahr wird er aus Mangel an Beweisen wieder freigesprochen und in die Freiheit entlassen.

Sieben Millionen mußte Bernie Cornfeld für den Prozeß aufbringen, hinzu kamen Entschädigungen und mehrere Millionen Schweigegelder, so daß alle Mitarbeiter der IOS belastende Aussagen zurückzogen. Für Bernie, von dem man annimmt, er habe rund eine halbe Milliarde Dollar in die eigene Tasche geschaufelt, nimmt sich dieser Betrag geradezu wie ein Taschengeld aus. Auch nach der Pleite genießt er sein Dasein im großen Stil: ein Schloß im französischen Haute-Savoie, mit Wallgraben und imposantem Speisesaal aus dem 13. Jahrhundert, eine Villa in Beverley Hills, ein Haus in London, ein weiteres Schloß in der Schweiz.

Bernie Cornfeld hat Maßstäbe gesetzt, die in der zwielichtigen Szene deutscher Vermittlungsfimen noch heute Anerkennung und Nachahmung finden. Die wichtigsten Grundpfeiler der legendären IOS werden noch immer kopiert:

- eine straff organisierte Vertriebsstruktur,
- komplizierte Firmenverschachtelungen,
- ausländische Tochtergesellschaften mit Verbindungen zu obskuren Banken,
- Produkte, die für den Kunden schwer nachvollziehbar sind und dem Verkäufer Riesengewinne bringen,
- bekannte Persönlichkeiten als Werbeträger.

Die Personalbeschaffung

Als Telefonverkäufer ist jeder geeignet, der halbwegs deutlich und laut sprechen kann. Ein Auswahlkriterium, das die Personalbeschaffung recht einfach gestaltet. Die meisten Firmen inserieren regelmäßig in regionalen Tageszeitungen und locken mit dem großen Geld und dem Flair der internationalen Börsen. Entsprechend groß ist die Zahl derer, die sich angesprochen fühlen. Mit großen Worten wie:

»Verdienen Sie 100 000 Mark im Monat.«

oder:

»Wir geben jungen Verkaufsprofis die einmalige Chance zum ganz großen Erfolg.«

werden Neugierige und Branchenkundige in die Firmen gelockt, um mit dem Telefon auf Kundenfang zu gehen. Seit Mitte der 90er Jahre läßt sich verstärkt beobachten, daß Firmen schriftliche Bewerbungen anfordern und Bewerbungsgespräche durchführen. Derartige Inszenierungen unterliegen keinen Regeln und erst recht keinen Auswahlkriterien. Sie sind nichts weiter als ein mehr oder weniger guter Bluff, um Gutgläubige und Bessergebildete in den Schmutz der Branche zu ziehen. Ohne die geringste Auswahl zu treffen, wird jeder Bewerber entweder zu einem Gespräch oder einer Promotionshow eingeladen. Wie man solche Fangveranstaltungen durchführt, hat man sich in der mindestens ebenso kriminellen Szene der Strukturvertriebe abgeschaut. Im Designeranzug, schmuckbehangen und mit prall gefüllten Geldscheinspangen wedelnd, ködern bemerkenswert positiv gestimmte Verkäufer den Nachwuchs für ihre Büros. Der Bedarf ist nicht unerheblich, denn unter zehn Anfängern befindet sich maximal einer, der über genügend Skrupellosigkeit verfügt, um es in dem Gewerbe zu etwas zu bringen. Eingestellt wird zunächst jedoch jeder, der sich positiv entscheidet. So zeichnet sich die Verkäuferschar ebenso wie der Kundenstamm durch eine bunte Mischung aller Berufssparten aus: Vom ehemaligen Hilfsarbeiter bis zum Betriebswirt ist alles dabei.

Die Ausbildung der Verkäufer

Eine Ausbildung gibt es nicht. Wenn überhaupt, wird ausschließlich im rhetorischen Bereich gedrillt und geschliffen. Die Neulinge lernen einige wenige Fachbegriffe und haben Standardfloskeln, ja sogar ganze Sätze in Form des Einwandkataloges auswendig zu lernen. Geübt wird zunächst untereinander. Ein Altkollege spielt den Kunden, während der Neuling versucht, ihm etwas zu verkaufen. Verkäufer A ruft Verkäufer B an, Gespräche werden aufgezeichnet und Stärken und Schwächen werden analysiert. Damit kann bei realen Gesprächen nur noch wenig außer Kontrolle laufen.

Die Bindung an das Haus

Gute Telefonverkäufer, die über das notwendige Quantum an Gewissenlosigkeit verfügen, findet man nicht an jeder Straßenecke, und sie erfreuen sich deshalb der besonderen Zuwendung ihrer Firma und manchmal auch des Mitbewerbs. So manch eine Freiheit und Marotte wird ihnen zugestanden, solange sie möglichst viel Geld auf hauseigene Konten umschichten. Um den neugierigen Blick zum Mitbewerb schon im Keime zu ersticken, werden systematisch Abhängigkeiten erzeugt, die den gewieften Abzocker an sein Haus binden. So wird er von der Firmenleitung dazu angehalten, teure Kleidung zu tragen und sich mit edlen Accessoires zu schmücken. Selbst in Vermittlungsbüros, die keinen Publikumsverkehr erlauben, werden die Telefonverkäufer ausnahmslos in gediegener Kleidung vorzufinden sein. Wem dazu das nötige Kleingeld fehlt, der bekommt von seiner Firma großzügige Vorschüsse und Kredite eingeräumt. Somit wird es dem guten Verkäufer unmöglich gemacht, sich von seinem Herren zu trennen, und zwar auch dann, wenn brancheneigene Headhunter ihm lukrative Angebote unterbreiten. Bei einem Wechsel von einem Büro ins nächste kann ein begehrter Verkäufer Ablösesummen in fünfstelliger Größenordnung verlangen. Doch, gefangen im Netz seiner Firma, wird es für ihn vorerst, das heißt, solange seine Abschlußquote stimmt, keine Alternativen bei anderen Vermittlern geben. Diejenigen, die Provisionen im überdurchschnittlichen Rahmen abkassiert haben, warten nicht selten monatelang auf eine Auszahlung oder müssen sich mit kleineren Teilzahlungen begnügen. Denn nicht nur wer seinerseits Schulden bei der Firma hat, sondern auch wer noch Geld von seinem Arbeitgeber zu bekommen hat, wird nicht ohne weiteres das Haus wechseln. Da der Löwenanteil der Provisionssummen mit illegalen Methoden und Produkten verdient wird, bleibt der Weg über die juristischen Instanzen von vornherein ausgeschlossen.

Solange der Arbeitgeber seinen Verkäufern wohlgesonnen ist, stehen sie unter seinem Schutz und können in kritischen Situationen den Rechtsanwalt der Firma kostenlos konsultieren. Abtrünnige, die sich gegenüber der Justiz oder den Medien als zu redselig erweisen, werden jedoch gnadenlos verfolgt und unter Druck gesetzt, nicht selten von ehemaligen Kollegen. Jeder in der Branche weiß mindestens eine Geschichte von spurlos verschwundenen Mitarbeitern und mysteriösen Leichenfunden zu berichten. Das Seemannsgarn der Abzocker oder Realität?

Mit dem Überschreiten der Schwelle eines Geldhaibüros betritt der Mitarbeiter eine neue, andere Welt, die ihn völlig vereinnahmen wird. Bedingt dadurch, daß der Börsenhai permanent am Rande der Legalität wandelt, wenn er nicht sogar in vollem Umfang kriminell aktiv ist, wird er sich sukzessiv aus seinem bisherigen sozialen Umfeld lösen und sich in der Halbwelt der Abkassierer neue Kontakte und Bindungen schaffen. Vergleichbar den Mitgliedern persönlichkeitssteuernder Sekten wird auch er sich schwertun, den Schritt in das sogenannte normale Leben zurückzugehen, denn nur in der Welt der Geldhaie spricht man seine Sprache. Sachverhalte, die das Arbeitsfeld betreffen, bedürfen hier keiner verbalkosmetischen Aufbereitung. Nicht zuletzt verfolgt man das gleiche Ziel: möglichst viel Geld in möglichst kurzer Zeit.

Jede Großstadt hat ihren einschlägigen Abzockertreff, wie den Hamburger Börsentreff oder die Frankfurter Leiter. Meist handelt es sich um ein In-Lokal der gehobenen Klasse. Hier tauschen die

Pseudo-Broker bei Champagner und gefüllten Wachtelbrüstchen ruhmreiche Geschichten aus und geben sich ihren Träumen von noch mehr Geld und noch mehr Luxus hin.

Bernies Nachkommen

Der Schmalspurbroker

Er ist Abonnent mindestens einer Börsenzeitung, und auf seinem Nachttisch stehen die gesammelten Werke von Börsenaltmeister André Kostolany neben weiterer Fachliteratur zum Thema Börsenspekulation. Seine Freizeit verbringt er an seinem Heimcomputer und erkundet mit Hilfe neuester Software den Aktien- und Commoditymarkt. Er erstellt Charts, forscht nach Auf- und Abwärtstrends und analysiert Firmenbilanzen im Zusammenhang mit der Kursentwicklung spezifischer Entwicklungszyklen. Und dann ist er plötzlich ganz sicher: Er hat sie gefunden, die Aktie, mit der er und seine Kunden garantiert reich werden. Wieso noch kein anderer darauf gekommen ist? Nun, er ist wohl ein Genie. Oder liegt es daran, daß er vor einigen Jahren eine Banklehre begonnen hat? Dort hat man seine Qualitäten einfach nicht erkannt. Wie dem auch sei, den nächsten Tag wird er dazu nutzen, Kollegen und Kunden von seiner Entdeckung zu überzeugen. Dieser Typus erscheint in zwei unterschiedlichen Varianten:

a) der introvertierte, schrullige Typ;
b) der extrovertierte, reaktionsschnelle und gewitzte Typ, der mangelnde Kompetenz durch flotte Sprüche ausgleicht.

Zuweilen kommt es vor, daß seine Prognosen tatsächlich eintreffen. Dann fühlt er sich in seinem Weltbild bestätigt und ist sicher, auf dem richtigen Weg zu sein. So dienen seine Analysen und Prognosen dem Zweck, ihn von der Realität des zermürbenden Tagesgeschäftes abzulenken und ihn vergessen zu machen, daß seine Tätigkeit einer kriminellen Szene zuzuordnen ist.

Mit mehreren Vorstrafen und dem Wunsch, mehr Geld zu verdienen als der bundesdeutsche Durchschnittsbürger, ist das Angebot auf dem Arbeitsmarkt für ihn äußerst begrenzt. Deshalb wird er weiterhin am Rande der Legalität agieren müssen und früher oder später auf die Zunft der Geldeinsammler stoßen; dort entsprechen Verdienstmöglichkeiten und Ambiente seinen Vorstellungen. Wohlgekleidet, mit Anzug und Krawatte wird er mit dem Telefonhörer in der Hand vom Schreibtisch aus seine Geschäfte betreiben, was für ihn einem sozialen Aufstieg gleichkommt.

Vielen, die der Justiz hinlänglich bekannt sind, bietet die Brokerszene einen idealen Unterschlupf. Hier können sie untertauchen und dennoch Geld verdienen. Die Branche fragt nicht danach, woher einer kommt und wohin er will. Ausschlaggebend ist allein der Wille, Geld zu verdienen. Es ist durchaus nichts Ungewöhnliches, wenn ein Telefonhai unter mindestens einem falschen Namen arbeitet. Sie heißen Berger, Neumann, Wagner, Müller oder ähnlich. Das bietet den Vorteil, sich im Ernstfall schnell aus der Affäre ziehen zu können, und auch die unzähligen geprellten Kunden machen ihn nur unter größten Schwierigkeiten und enormem finanziellen Aufwand ausfindig. Vor allem diejenigen, die durch die Dazugehörigkeit zum Pseudo-Brokertum straffällig geworden sind, haben oft keine andere Wahl, als in der Branche zu bleiben. Der Fall des David T. ist hierfür ein stellvertretendes Beispiel:

1991 hat T. vor dem Düsseldorfer Oberlandesgericht einen Prozeß gegen einen ehemaligen Kunden, Günter F. aus München, verloren. F. hatte seinen ehemaligen Wertpapierberater auf Schadenersatz verklagt, da er und sein Verteidiger zu der Überzeugung gekommen waren, daß T. grob fahrlässig mit dem Vermögen seines Kunden verfahren sei und in keinster Weise dessen Anlagewünschen entsprochen habe. Entgegen seinen Versprechungen, einen sicheren Gewinn zu erwirtschaften, hatte T. es geschafft, innerhalb von sechs Monaten das Anlagekapital von 200000 Mark auf sage und schreibe 9.500 Mark zu reduzieren. Das Gericht gab F. Recht und verklagte den Möchtegern-Broker zur Rückzahlung des Anlagekapitals sowie entgangener marktüblicher Zinsen in Höhe von 4,5%. Da T. sich finanziell außer Stande sah, dieser Forderung Folge zu leisten, und sich auch nicht auf die Stundungsangebote der Gegenseite einlassen wollte, stand er vor der Entscheidung, entweder einen Offenbarungseid zu leisten oder im Sumpf der Branche unterzutauchen. T. entschied sich für die preisgünstigere Variante. Sein letztes Barvermögen hat er in drei Pässe und Führerscheine made in Fernost investiert. So fährt er auch heute noch mit seinem Nobelschlitten über die Düsseldorfer Kö und verdient sich das nötige Kleingeld bei einer Termin-Vermittlungsfirma. Wohlwissend verzichtet er darauf, bei Behörden in irgendeiner Weise in Erscheinung zu treten, und selbst Arztbesuche werden unter falschen Namen gemacht. Das spart ganz nebenbei Versicherungs- und Arztkosten. T. ist vorsichtig und ständig auf der Hut vor den Ermittlern, die ihm auf der Spur sind. Erscheint ihm das Düsseldorfer Pflaster nicht mehr sicher genug, taucht er ab in eine der weiteren fünf Niederlassungen seiner Firma. Den Geschäften, die er betreibt, kann er schließlich von jedem Schreibtisch aus nachgehen.

Der Illusionist

Sein Lieblingsgerät ist der Taschenrechner. Seine Lieblingsbeschäftigung ist das Errechnen seiner Provision. Doch nicht reale Gegebenheiten sind Grundlage seiner Rechnungen, sondern seine Träume. Was könnte ich verdienen, wenn... Er zählt zu denen, die sich ihren Erfolg hart erkämpfen müssen, doch leider fehlt es ihm an den meisten Tagen am nötigen Kampfgeist. Wo auch immer es möglich ist, ist er verschuldet: beim Kneipier an der Ecke, bei seiner Firma, seinen Freunden und seiner Bank. Der klare und reale Blick auf sein Leben bleibt ihm verstellt, ist ihm unangenehm und zuweilen sogar unerträglich. Das Resultat dieser Lebenshaltung sind psychosomatische Krankheitserscheinungen. So flüchtet er sich in seine Was-wäre-wenn-Rechenexempel. Seine Lebensplanung steht auf dem Sockel seiner Phantasie, und man sieht ihn, wie er sich während der Pausen hingebungsvoll den Bauzeichnungen seiner zukünftigen Villa am Stadtrand widmet oder selbstgefällig in die Auslagen der Juwelierläden lächelt. Das Prinzip Hoffnung hält ihn am Leben, und fast hat er Angst, die Branche zu verlassen, denn es könnte ihm genau am darauffolgenden Tag der ganz große Deal bevorstehen. Wie die Mehrzahl der Telefonzocker wird auch er niemals reich werden.

Der Abgezockte

Erfolg ist kein Kind des Zufalls, Erfolg ist das Resultat harter Arbeit; manchmal durch schicksalhafte Fügungen begünstigt. Wenn hier von den Großverdienern einer kriminellen Branche die Rede ist, dann ist auch die Rede von verbissenen, harten Arbeitern, die wie besessen nur ein einziges Ziel vor Augen haben: Geld, Geld und noch mehr Geld. Ihr gesamtes Weltbild wird bestimmt vom Motiv Habgier. Geld gibt ihnen den Auftrieb in eine, wie sie glauben, bessere Welt. Eine Welt mit klaren Regeln: Haste was, biste was. 90% der Börsengauner stammen aus einfachen, manchmal auch zerrütteten familiären Verhältnissen. Sie sind die Kinder der Arbeiterschicht und wissen um die Macht des Geldes, denn sie haben die Schranken einer engen bürgerlichen Welt früh zu spüren bekommen. Nun wollen sie auf die Sonnenseite. Sie kommen aus einfachen Berufen: Bäcker, Konditoren und Maler stehen an erster Stelle, dicht gefolgt von Elektrikern, Einzelhandelskaufleuten u.ä. Manchmal verfügen sie noch nicht einmal über eine abgeschlossene Berufsausbildung und betrachten das Brokertum als einzigartige Chance zum schnellen Geld. Sie lernen die Branche in einem Durchschnittsalter von zwanzig Jahren kennen und entwickeln sich sehr bald zum Senkrechtstarter. In kürzester Zeit gehen sie von Null auf hundert, denn sie wollen alles. Die Liebe zum Mammon läßt sie berechnend und kaltblütig werden. Mit dem Geld fließt der Champagner, und sie umgeben sich mit allem, was sie für Luxus halten. Jede Mark, die sie abzocken, wird in Statussymbole und Dolce vita investiert: Nobelkarossen, Designerkleidung, Schmuck, exklusive Wohnungen, Frauen und rauschende Feste. Wichtig ist vor allem, daß jeder Außenstehende sofort respektvoll erkennt: Der hat Geld. Wo auch immer sich die Gelegenheit bietet, sich und seinen Reichtum zu präsentieren, wird sie dankbar wahrgenommen. Dieser Typus liebt das Rampenlicht und die Darstellerpose.

Da ist z. B. der in Deutschland aufgewachsene Türke Kerim Y., Sohn eines türkischen Fabrikarbeiters aus dem Ruhrgebiet. Seit seiner frühesten Kindheit weiß er, was es bedeutet, am Ende der gesellschaftlichen Hackordnung sein Dasein zu fristen. Er lernte schnell, gab sich zur besseren Akzeptanz innerhalb seiner Kundschaft einen deutschklingenden Namen und ließ das schwarzgelockte Haupt dunkelblond einfärben. In Abzockerkreisen nennt man ihn Commission-Ali. Er genießt das Gefühl, der Größte zu sein, und auch der kleinste Anlaß ist ihm Grund genug, sich feiern zu lassen. Seine Abzockerfreizeit widmet er dem Roulettespiel und dem horizontalen Gewerbe. In den rotlichtdurchfluteten Etablissements ist Kerim ein gerngesehener Gast, denn Abendrechnungen von 20000 Mark entsprechen seinem normalen Durchschnitt. Hin und wieder lädt er seine Kunden in die vertrauten Lokale ein, um in gelockerter Atmosphäre stattliche Summen aus ihnen herauskitzeln zu lassen.

Der vielleicht bekannteste und erfolgreichste Börsenhai ist Heinz Hensley-Piroth. Am 30. November 1952 als Heinrich Knöpfel in Uttershausen geboren, wächst auch er in bescheidenen, kleinbürgerlichen Verhältnissen auf und merkt schnell, daß ihn ein Leben als Industrie- und Versicherungskaufmann nicht weiterbringt und vor allem nichts einbringt. Er versucht sich als Abschlepphai, der den Polizeifunk abhört und immer zur rechten Zeit an der richtigen Stelle ist. Doch das Geschäft ist hart und die Verdienstmöglichkeiten sind begrenzt. Dann entdeckt er das telefonische Abzockergewerbe und wechselt über zum Options- und Terminhandel. Es dauert nicht lange, und er zählt zu den ganz Großen seiner Branche. Sein Erfolgsrezept lautet, nicht nur vielversprechende Produkte, sondern auch sich selbst zu verkaufen. Er ist ein Schauspieler erster Klasse, und wo immer er persönlich auftaucht, fliegen ihm die Sympathien und die Anlageaufträge nur so zu.

Seine erste Ehe mit einer Amerikanerin bringt ihm den Namen

Hensley ein. Als er ein zweites Mal heiratet, kreiert er den Doppelnamen Hensley-Piroth. Unter diesem Namen wird er in der Branche Geschichte machen. 1985 gründet er die fast schon legendäre EFB, Effekten- und Edelmetallberatungsgesellschaft mbH, mit Niederlassungen in Düsseldorf, München, Frankfurt, Amsterdam, Liechtenstein, Chicago, New York und Campione. Zusammen mit Michael (Micky) Berresheim stanzt er weitere Firmen aus dem Boden: die FTC, die CRB, eine Nachfolgerin der ehemaligen Heinz Hensley GmbH, die TWC, die DFV und die Agentur Capitol. Wieviele Firmen er tatsächlich ins Leben gerufen und dirigiert hat, kann außer ihm wohl keiner genau sagen. Hunderte von gut geschulten Telefonverkäufern arbeiten unter seiner Anleitung und zocken Millionenbeträge ab. Hensley badet in Ruhm und Geld. Mehr als jeder andere frönt er dem Luxus und umgibt sich publikumswirksam mit den Insignien seiner Branche: Porsche, Rolex und Edelkleidung. Auf dem Höhepunkt seiner zweifelhaften Karriere ist der Betrüger ein bekannter Mehrfachmillionär mit Verbindungen zu den großen und einflußreichen Namen der Gesellschaft und der Unterwelt.

In der Zeit von 1985 bis 1987 ist die EFB Marktführer der Branche und bearbeitet den gesamten deutschsprachigen Raum. Verkauft wird alles, was nach Börse und Geld riecht: Terminkontrakte, Optionen, Penny Stocks, handgestrickte Fußballerfonds und zum guten Schluß Firmenanteile an der EFB. Den Prospekt für diesen Coup läßt Hensley von Deutschlands wohl bekanntestem, aber nicht unumstrittenem Anlegerschützer, Heinz Gerlach, höchst persönlich prüfen und wasserdicht absichern. Gerlach kassiert dafür 10000 Mark vom Abzocker. Hensley und seine Klopper (Branchenjargon für Telefonverkäufer) gehen weiter auf Geldfang, und dem Staatsanwalt bleibt der Zugriff auf die Betrügertruppe wieder einmal verwehrt. Von jedem Betrag, den die Kunden investieren, behalten Hensley und seine Telefonmafia 39,9% ein. Insgesamt kassieren sie mehr als 1,5 Milliarden Mark, mindestens 100 Millionen davon werden Hensleys Privatkonten gutgeschrieben, so mutmaßt man in Insiderkreisen. Wieviel es wirklich ist, weiß nur der König selbst.

Bereits 1987 setzt der Münchner Anwalt Rössner erfolgreich

mehrere Arrestverfahren gegen Hensley durch. Nun taucht ein gewisser Gerhard Fischer, ein Bruder des Abzockers, auf der Bildfläche auf und übernimmt die Leitung gleich mehrerer Firmen. Orion, Taurus, IFOS (International Futures and Option Services), mit Sitz auf den britischen Virgin Islands, und Cosmos sind die bekanntesten. Auch Michael Heling, ehemaliger Sales-manager der EFB, ist mit von der Partie. Hensley hält sich im Hintergrund, hat jedoch nach wie vor alle Fäden in der Hand. Die geniale Idee, Aktien seiner eigenen Firma auszugeben, bringt ihm weitere 7,8 Millionen Mark ein. Als ihm Anfang der 90er Jahre die Justiz wieder einmal bedenklich nahe kommt, setzt er sich kurzerhand in die Karibik ab. Doch vom Geldgeschäft kann er auch unter karibischer Sonne nicht lassen. Telefonisch hält er Kontakt zu seiner Truppe in Deutschland und ist weiter im Geschäft. Ex-Konditor Uwe Freiherr von Karnap z.B. sahnt in der Düsseldorfer Firma Rendita, durch Hensley ferngesteuert, ab. Das Geschäft blüht. Hensley schaukelt selig auf seiner Yacht, und auch der adelige Konditor schwelgt in größtem Luxus. Gleich mehrere Autos der gehobenen Klasse nennt er sein Eigen und residiert in einer noblen Düsseldorfer Penthouse-Wohnung, die ursprünglich für einen arabischen Ölmagnaten eingerichtet worden war. Die Wände geziert von Blattgoldauflagen und echten Gemälden, darunter ein Picasso-Original.

Trotz ausgezeichneter Informanden bei der Düsseldorfer Kripo fliegt das Abzockerkomplott schließlich auf, und selbst der mehrfach vorbestrafte Unternehmensberater des Hauses kann die Festnahme des Adelssprößlings nicht mehr verhindern. Doch Hensley weiß, was der blaublütige Bäcker ihm wert ist und kauft ihn gegen Kaution frei. Für kurze Zeit lebt die Firma unter dem neuen Firmennamen Richter, Suhnke & Partner wieder auf, um dann für immer vom Markt zu verschwinden. Mittlerweile ist es still geworden um den Börsenhai. Er hat eine Haftstrafe von 3 Jahren hinter sich gebracht, doch das letzte Wort Justitias ist längst nicht gesprochen.

Die Vertriebsstruktur

Die angeheuerten Telefonverkäufer arbeiten ausnahmslos auf eigenes Risiko. Sie werden als freie Handelsvertreter eingestellt, wodurch ihnen faktisch untersagt ist, Geschäfte im Namen der Firma zu tätigen. Durch gut ausgefeilte Verträge wird bei rechtlichen Schwierigkeiten ausschließlich der Verkäufer belangt, während die Firma sich von dessen Machenschaften distanziert. Allerdings ist es branchenüblich, daß gute Verkäufer den Schutz des Hauses genießen. Als in einer Leipziger Telefontruppe der beste Verkäufer wegen eines Abmahnverfahrens aufgrund unzulässiger telefonischer Kundenwerbung vor Gericht zitiert wurde, gelang es der Geschäftsleitung, nachzuweisen, daß besagter Verkäufer überhaupt nicht zum Mitarbeiterstamm des Hauses zählt und folglich nicht belangt werden könne, da hier wohl ein namentlicher Doppelgänger am Werk gewesen sei. Dank eines cleveren Rechtsanwaltes gelang der Trick. Der Verkäufer wurde mit einem neuen Telefonpseudonym bedacht und geht heute noch seinen unlauteren Geschäften nach.

Ähnlich wie die Kundenverträge den Kunden, weist der Handelsvertretervertrag den Mitarbeiter auf sämtliche seiner Pflichten hin, Rechte werden nicht formuliert. Der frisch gebackene Telefonbroker wird auf die heikle rechtliche Situation der telefonischen Kundenakquisition hingewiesen und muß sich verpflichten, erstens auf diese Methode zu verzichten und zweitens seine Kunden genauestens über alle Geschäftsgebaren, Risiken und Transaktionen in Kenntnis zu setzen, um der gesetzlichen Aufklärungspflicht über alle mit dem Geschäft zusammenhängenden Risiken nachzukommen. Die tägliche Routine des Telefonbrokers steht dazu in absolutem Widerspruch: Er muß telefonische Neukundengewinnung betreiben und hat nur ein Mittel, um erfolgreich zu sein – geschickte Lügen und hohe Gewinnversprechungen. Dabei wird er tatkräftig von seiner Firma unterstützt.

Die Broschürenabteilung

Die Broschürenabteilung ist die Kontaktabteilung. Die sogenannten Broschürenfrauen (Broschis) knüpfen telefonische Erstkontakte zu potentiellen Kunden. Ferner trainieren hier die Abzockerlehrlinge ihr Mundwerk als Einstimmung auf die zukünftige Tätigkeit. Ein Aufstieg in die Riege der Opener wird ihnen erst zuteil, wenn sie eine Mindestanzahl von ca. 200 Erstkontakten geknüpft haben: das Resultat konsequenter und verbissener Telefonarbeit.

Die angerufenen Adressen stammen aus herkömmlichen Adreß- und Branchenbüchern und werden wahllos durchgerufen. Daß es sich dabei um verbotene Kaltanrufe handelt, stört die Jungbroker und Broschürenfrauen nur wenig, denn durchschnittlich 60% von ihnen arbeiten sowieso unter falschem Namen. Ziel des Anrufes ist es, dem Angerufenem eine Broschüre, in der sich das Haus mit seinen Leistungen vorstellt, zukommen zu lassen. Der Inhalt dieses Blättchens variiert von Haus zu Haus. Mal enthält es belanglose Floskeln über das Verhältnis von Anlage und Gewinnmöglichkeit, mal werden bereits hier vertragliche Details und Risikohinweise abgedruckt.

Eine gute Broschürenfrau schafft während einer sechsstündigen Arbeitszeit mindestens 150 Wählversuche und macht (Branchenjargon) dabei ungefähr 10 bis 15 Broschüren. Eine Abteilungsleiterin wird sie bei ihrer Telefonarbeit beaufsichtigen und drillen.

Bei einem Anruf in einer Firma besteht die größte Schwierigkeit darin, das Vermittlungspersonal und die Sekretärinnen zu überwinden, um an die höhere Führungsebene heranzukommen.

Da viele Sekretärinnen strikte Anweisungen haben, Gespräche der Finanzdienstleistungsplage abzuwimmeln und erst gar nicht zur Zielperson durchzustellen, wenn sie merken, daß sich hinter dem Anrufer ein Finanzritter verbirgt, nennt die Broschürenfrau kategorisch keinen Firmennamen, sondern allein ihren persönlichen Namen.

Fünf Varianten für den Umgang mit der Sekretärin

Das kollegiale Gespräch

Broschürenfrau: Einen schönen guten Tag, Frau ..., hier ist Luise Müller. Sagen Sie, Frau ..., ich muß ganz kurz Ihren Chef sprechen, wann ist das am günstigsten, oder ist er im Moment erreichbar? Es wird auch nicht lange dauern.

Sekretärin: Worum geht es denn, Frau Müller?

Broschürenfrau: Es geht um persönliche Unterlagen, die ich ihm zusammenstellen soll. Ich brauche dazu von ihm persönlich einige Details.

Der Trick: Die Sekretärin wird durch die an sie gerichteten Fragen wichtig genommen und fühlt sich geschmeichelt. Das Gespräch bekommt eine positive Atmosphäre. Die Einwandbehandlung suggeriert, daß bereits ein Kontakt vorausgegangen ist und die Anruferin Herrn ... nicht unbekannt ist.

Das eilige Gespräch

Broschürenfrau: Müller, Herrn ... bitte, es ist dringend.

Sekretärin: Worum geht es denn?

Broschürenfrau: Mein Name ist Luise Müller, es ist wirklich sehr eilig, Herr ... weiß Bescheid. Wenn Sie mich jetzt bitte schnell durchstellen würden.

Der Trick: Höflichkeitsfloskeln entfallen gänzlich und werden durch schnelles, aufgeregtes Sprechen ersetzt. Man vermittelt Dringlichkeit und Bedeutsamkeit. Die Frage der Sekretärin beantwortet die Broschürenfrau einzig mit ihrem persönlichen Namen. Hieraus soll geschlossen werden, daß sie dem gewünschten Gesprächspartner bekannt ist.

Das autoritäre Gespräch

Broschürenfrau: Guten Tag, Müller hier, verbinden Sie mich bitte mit Herrn . . . .

Sekretärin: Worum geht es?

Broschürenfrau: Das mit Herrn ... zu besprechen, ist Grund meines Anrufes, gute Frau.

Der Trick: Die Antwort schließt die Sekretärin aus der Kommunikationsebene aus. Höflichkeitsfloskeln werden auf ein Mindestmaß reduziert. Kurze Sätze, tiefe Tonlage und eine herablassende Art signalisieren, daß die Anruferin einen höheren Status als das Vermittlungspersonal repräsentiert. Die Stimmlage ist ruhig und entspannt, die Gemütshaltung arrogant und herablassend. Nicht jede Sekretärin ist jederzeit in der Verfassung, es damit aufzunehmen und stellt das Gespräch ihrem eigenen Harmoniebedürfnis zuliebe gleich zu Herrn ... durch.

Das dreiste Gespräch

Broschürenfrau: Ja hallo, hier ist Luise Müller, den Walter, äh, ich meine, den Herrn ... hätte ich gerne gesprochen.

Sekretärin: Worum geht es denn, Frau Müller.

Broschürenfrau: (kichert) Das ist privat.

Das aggressive Gespräch

Broschürenfrau: (laut und wütend) Müller hier, verbinden Sie mich bitte mit Ihrer Geschäftsleitung.

Sekretärin: Worum geht es denn?

Broschürenfrau: Hören Sie, ich habe schon genügend Zeit an Ihr Haus verschwendet (Stimme wird noch lauter). Also, stellen Sie mich jetzt bitte umgehend zur Geschäftsleitung durch.

Der Trick: Diese Gesprächsvariante ist besonders dann geeignet, wenn die Broschürenfrau den Namen des gewünschten Gesprächspartners nicht kennt. Die Chancen, in solch einem

Fall überhaupt durchgestellt zu werden, sind nämlich äußerst gering. Die aggressive Vorgehensweise suggeriert Schwierigkeiten und Konflikte, so wird die Sekretärin erleichtert sein, den Anruf weit von sich schieben zu können.

Für diejenigen in der Broschürenabteilung, die sich rhetorisch schulen und ihr Duchhaltevermögen testen möchten, hält jede Firma sogenannte Broschi-Kampf-Listen bereit. Darauf finden sich Telefonnummern von Firmen mit besonders hartnäckigen Sekretärinnen, die den Anrufer inquisitorisch ins Kreuzverhör nehmen, bevor sie ihn durchstellen. Wer an solchen Commission-Bremsen (Branchenjargon) vorbeikommt, dem wird gebührendes Lob zuteil.

Die Beschaffung persönlicher Durchwahlen

Sollten alle Tricks, an die obere oder mittlere Führungsebene heranzukommen, wider Erwarten fehlschlagen, helfen folgende Vorgehensweisen, die direkte Durchwahl des gewünschten Gesprächspartners herauszubekommen, um das Vermittlungspersonal im nächsten Schritt zu umgehen.

Die falsche Meldung

Die Broschürenfrau meldet sich als Praxis Dr. Soundso, Rechtsanwaltskanzlei, Stadtverwaltung, etc. und pariert auf die Frage, worum es ginge, mit einer phantasievollen Lüge:

- Es geht um den Aidstest von letzter Woche.
- Es geht um den Fall Aktenzeichen ABC 95.
- Es geht um technische Umbauarbeiten im Hochspannungsbereich Ihrer Digitalanlage.

Weist der Angerufene die Broschürenfrau irritiert auf die Diskrepanz zwischen Gesprächsanmeldung durch das Sekretariat und tatsächlichem Gesprächsinhalt hin, wird er sich mit der lapidaren Antwort, daß es sich sicherlich um einen Fehler des Sekretariats handle, begnügen müssen.

Der Nebenstellentrick

Ein Blick auf die Faxnummer einer Firma läßt auf weitere Nebenstellen schließen und verrät darüber hinaus, aus wievielen Zahlen sich die jeweiligen Durchwahlen zusammensetzen.

Beispiel: Das Faxgerät hat die Durchwahl 30, die Wahrscheinlichkeit ist sehr hoch, daß alle anderen Durchwahlen ebenfalls zweistellig sind und das Chefsekretariat z.B. die Durchwahl 10 und der begehrte Geschäftsführer des Hauses die Durchwahl 11 oder 12 hat. Die Broschürenfrau wählt die Durchwahl 12 an. Nun gibt es zwei Möglichkeiten:

a) Sie hat den gewünschten Gesprächspartner tatsächlich erreicht und läßt ihr Standardgespräch vom Stapel.
b) Sie ist irgendwo, z.B. in der Einkaufsabteilung gelandet.

Einkauf: Schmitz.
Broschürenfrau: (erstaunt) Ja, was machen Sie denn am Platz von Herrn ...
Einkauf: Wieso, das ist mein Platz, Sie haben sich bestimmt verwählt.
Broschürenfrau: Das kann gar nicht sein! Ich habe wie immer die 12 gewählt und das ist ja bekanntlich die Durchwahl von Herrn ...

Einkauf: Sehen Sie, Sie haben sich doch verwählt. Die 12 ist meine Durchwahl. Herr ... hat die 21.
Broschürenfrau: (lacht) Oh Schreck, da haben Sie ja wirklich recht. Das ist mir jetzt aber peinlich (lacht). Entschuldigen Sie bitte die Störung.

Der nächste Anruf wird sie an ihr ersehntes Ziel, ein Gespräch mit der Geschäftsleitung, bringen.

Der Pförtnertrick

Je größer die Firma, um so höher das Salär der mittleren und oberen Führungsebene. Eine verheißungsvolle Aussicht für Broschürenfrau und Verkäufer. Sind die ersten Versuche, den gewünschten Gesprächspartner zu erreichen, erfolglos im Sande verlaufen, wird sie das Unternehmen an seiner Schwachstelle angehen. Diese beginnt nach offiziellem Büroschluß. Größere Firmen und solche mit Schichtbetrieb werden auch während der Abendstunden erreichbar sein. Das Telefon wird zu dieser Zeit von einem beliebigen, noch anwesenden Mitarbeiter – in den meisten Fällen ist es der Pförtner – besetzt sein. Wenig mit dem Medium Telefon und den ausgebufften Tricks der Abzocker vertraut, lassen sich diese Personen leicht in ein Gespräch verwickeln und geben die geforderten Durchwahlen preis.

Broschürenfrau: Guten Abend, hier ist Luise Müller, den Herrn ... hätte ich gern gesprochen.
Pförtner: Ja, ob der noch im Haus ist? Ich glaube, sein Auto ist vorhin vom Hof gefahren.
Broschürenfrau: Das ist aber seltsam, wir hatten genau für diese Uhrzeit ein Telefongespräch verabredet. Tja, dann rufe ich wohl in einer halben Stunde noch mal an. Ach, geben Sie mir doch noch mal eben die Durchwahl, dann probier ich es später direkt.

Der Trick: Der Pförtner wird diese und ähnliche Geschichten vorbehaltlos glauben und die Durchwahl oder andere Informationen wie Namen und Zuständigkeiten preisgeben. Die Broschürenfrau wird erst am nächsten Tag wieder anrufen.

Das Broschürengespräch

Früher oder später wird es der hartnäckigen Broschüristin gelingen, den gewünschten Gesprächspartner am anderen Ende der Leitung zu haben. Für diesen Fall stehen ihr drei grundlegende Gesprächsvarianten zur Verfügung:

Variante 1

»Guten Tag, Herr ... , mein Name ist Luise Müller von der Schweizer Effekten AG. Herr ... , Sie werden unser Haus sicherlich in Zusammenhang mit dem internationalen Wertpapierhandel kennen. Zur Zeit informieren wir einen ausgewählten Personenkreis über unsere Leistungen. Darf ich zu diesem Zweck kurz Ihre Anschrift vergleichen?«

Der Trick: Der Angerufene wird überrumpelt und wird sicherlich nicht bemerken, worum es eigentlich geht. Die Technik der rhetorischen Frage und die eingeflochtene Schmeicheleinheit werden mit hoher Wahrscheinlichkeit ihre Wirkung nicht verfehlen.

Variante 2

»Guten Tag, Herr ... , hier ist Luise Müller. Herr ... , Sie werden sich erinnern, ich hatte Ihnen vor einiger Zeit zugesagt, daß ich mich melde, wenn ich interessante Neuigkeiten über Anlagemöglichkeiten im internationalen Wertpapiergeschäft habe. Darf ich für die schriftlichen Informationen kurz Ihre Anschrift notieren?«

Der Trick: Der Angerufene wird eher darüber nachdenken, wann er das letzte Mal mit dieser Stimme telefoniert hat, als sich Gedanken über den tatsächlichen Gesprächsinhalt zu machen. Außerdem wird er davon ausgehen, daß er lediglich schriftliche Informationen erhält und nicht mit permanenten Anrufen belästigt werden wird.

Variante 3

»Guten Tag, Herr ... , mein Name ist Luise Müller von der Schweizer Effekten AG. Herr ... , ich habe hier einen Computerausdruck vor mir liegen, aus dem hervorgeht, daß Sie am internationalen Aktienmarkt interessiert sind und auch schon einmal in diesem Bereich spekuliert haben.«

Der Trick: Die Behauptung ist aus der Luft gegriffen, die Broschürenfrau hat bestenfalls ein Branchenbuch vor sich liegen.

Jeder Angerufene ist erstaunt bis empört über diese Äußerung und fragt sich unabhängig vom Wahrheitsgehalt der Behauptung, wie der Anrufer zu dieser Informationen kommen konnte. Es wird sich ein Gespräch entwickeln, in dem der Angerufene nicht selten seine Spekulationserfahrungen preisgibt: für die Dame der Broschürenabteilung eine Information ersten Ranges. Unabhängig davon, welche Richtung das Gespräch genommen hat, wird die Broschürenfrau es mit folgendem Satz zu beenden versuchen:

»Wie dem auch sei, Herr ... , Sie sind ein interessanter Gesprächspartner und ich würde Ihnen gern einmal einige Informationen über unser Haus und unsere Leistungen zusenden. Darf ich kurz Ihre Anschrift vergleichen?«

Die 10000-Mark-Frage

Manche Börsenvermittler lassen bereits im Broschürengespräch die Liquidität des Angerufenen prüfen:

»Herr ... , wenn Sie nach reiflicher Überprüfung unseres Hauses die für Sie relevanten Kriterien gewährleistet wissen, könnten wir dann über eine Anlage, sagen wir, in Höhe von 10000 Mark, sprechen?«

Läßt sich der Angerufene auf ein Gespräch ein, wird ihm wenige Tage später ein Brief des Geldsammlers zugestellt werden. Aus dem Begleitschreiben wird in Hinblick auf die rechtliche Situation des Telemarketings hervorgehen, daß er die Information selbst gewünscht, d.h., angefordert hat. Sämtliche Daten des potentiellen Kunden, welche die Broschürenfrau zusammentragen kann und für wichtig erachtet, werden auf einer Karteikarte und/oder einem EDV-Programm angelegt. Aussagen, die der Verkäufer eventuell argumentativ verwenden kann, werden ebenfalls notiert. Aus Gründen der Motivation verzichtet man auf die Erfassung der Negativbemerkungen des Kunden.

Beispiel:

Gustav Schmitz
Geschäftsführer
Wichtig AG
Beispielstrasse 15
12345 Musterhausen

23.08.95 Broschüre: hat deutsches Aktiendepot bei seiner Hausbank

Die Karte wird an die Opening-Abteilung weitergereicht. Bereits wenige Tage später, nachdem davon ausgegangen werden kann, daß der Angerufene die Broschüre per Post bekommen hat, wird er einen Anruf aus der Verkaufsabteilung erhalten. Fällt auf die Adresse ein Umsatz, sind die jeweilige Broschürenfrau und ihre Abteilungsleiterin an dem Geschäft prozentual beteiligt. Der durchschnittliche Verdienst in der Broschürenabteilung liegt bei ca. 3000 Mark, die Abteilungsleiterin kann es bis auf 8000 Mark monatlich bringen.

Jede Firma, ob klein, ob groß, und jeder Freiberufler kann unter Umständen täglich mit bis zu zehn Anrufen und mehr aus der Pseudo-Broker-Szene traktiert werden. Selbst spekulationsfreudige Menschen empfinden dies längst nicht mehr als angenehm und sehen sich gezwungen, etwas gegen die Belästigung zu unternehmen. Der entscheidende Schritt ist eine umfangreiche Schulung des Personals dahingehend, daß jeder Anruf professionell gefiltert wird und Anrufe gezielt erfaßt und durchgestellt werden.

Die Openingabteilung

Es ist die Aufgabe der Openingabteilung, Erstgeschäfte (Openings) abzuschließen. Zielgruppe sind vorrangig solche Personen, die auf die Akquisitionstricks der Broschürenabteilung hereingefallen sind und nun zum Interessentenstamm des Hauses zählen. Wer sich einmal eine Broschüre hat zuschicken lassen, hat kaum eine Chance, jemals wieder aus den Klauen der Telefonhaie loszukommen. Selbst wenn er energisch gegen die permanenten Anrufe protestiert, man wird nicht von ihm lassen. Drohungen und böse Worte werden den Telefonzocker kaum vor weiteren Belästigungen zurückschrecken lassen. Sie fordern ihn eher heraus. Die sicherste Abwehrmaßnahme ist eine schnelle und konsequente Beendigung des Gespräches. Man sollte sich auf keine Diskussion einlassen, die Aussichten, sie zu gewinnen, sind sowieso gering, und jedes Wort, das der Angerufene von sich gibt, motiviert den Finanzhai dahingehend, doch noch ein Gespräch zustande zu bringen. Hat er dies erst einmal geschafft, ist der Abschluß nicht mehr fern. Jede zehnte Broschüre, so lautet eine Branchenregel, sollte zum Abschluß führen. Das bedeutet für den Opener, daß er keine andere Wahl hat, als mit aller ihm zur Verfügung stehenden Überzeugungs- und Verkaufskraft an die potentiellen Kunden heranzutreten.

Die Opener starten mit dem Grundkapital der Adressen, die sie in der Broschürenabteilung erfolgreich kontaktiert haben. Erfahrene Opener, die den Arbeitgeber wechseln, werden von ihrem neuen Abzockerchef eine Basisanzahl an Kontaktadressen erhalten oder arbeiten mit eigenem Material. Für jedes Opening, das der Verkäufer abschließt, wird er 50 weitere Broschürenadressen erhalten. Das zwingt ihn, seine Abschlußquote konstant zu halten, da er ansonsten kein neues Adressenmaterial von potentiellen Kunden erhielte.

Um sich gegenseitig in Verkaufsstimmung zu bringen, sitzen die Opener in Großraumbüros, oft jeweils zu fünft oder zu siebt an einem Tisch. Ein solcher Opener-Tisch wird von einem Gruppenleiter beaufsichtigt. Er wacht darüber, daß die Verkäufer ihr telefonisches Zeitsoll erfüllen und die ganze Palette der Abzockertricks beherrschen, um möglichst vielen Kunden möglichst viel Geld aus der Tasche zu ziehen. Ein mittelmäßiger Opener schafft pro Monat ca. fünf Openings. Die Stars der Branche bringen es manchmal auf 20 und mehr Neukunden in gleicher Zeit. Da kann der monatliche Verdienst schnell die 20000-Mark-Grenze überschreiten. Kann der Telefonverkäufer langfristig keine gute Abschlußquote erreichen bzw. halten, wird sich sein Arbeitgeber von ihm trennen, da er bereits in Anbetracht der verursachten Telefonkosten unrentabel ist. Zur Kontrolle über das tägliche Arbeitspensum führen Opener pyramidenförmig aufgebaute Listen, auf welchen sie die guten Gespräche mit Anschrift und Telefonnummer vermerken. Gut ist ein Gespräch dann, wenn der Verkäufer seine Verkaufsstory an den Mann oder die Frau bringen konnte und der Angerufene darüber hinaus durch Fragen sein Interesse signalisiert hat. Ist das der Fall, wird man nicht mehr von ihm lassen. Mit steten Anrufen wird er eingekreist und weichgekocht, bis der Telefonhai endlich die Schlinge zuziehen kann. Pro Tag muß jeder Verkäufer seinem Teamleiter mindestens 30 solcher guten Gespräche nachweisen können.

Die durchschnittlich investierte Summe im Opening liegt zwischen 10000 und 20000 Mark, doch auch Kleinstbeträge werden akzeptiert. Nach dem Erstgeschäft wird die Kundenkarte in die Loadingabteilung weitergereicht.

Die Loadingabteilung

Alles, was der Opener über die finanzielle Situation des Kunden in Erfahrung bringen kann, wird auf der entsprechenden Karteikarte notiert. Der Verkäufer kann somit ungefähr taxieren, in welcher Größenordnung er das auserwählte Opfer abzocken kann.

Beispiel:

Gustav Schmitz
Geschäftsführer
Wichtig AG
Beispielstrasse 15
12345 Musterhausen

23.08.95 Broschüre: hat deutsches Aktiendepot bei seiner Hausbank
30.08.95 hat Broschüre noch nicht gelesen, z.Zt. keine Anlage möglich, hat Festgeld

05.09.95 an $-Option interessiert, will aber Immobilie kaufen
06.09.95 Hebelwirkung erklärt
08.09.95 Opening: 20000 DM

Die Karteikarte ist für den Loader die wichtigste Informationsquelle über den Kunden. Dem o.g. Beispiel kann er entnehmen, daß es sich um ein lohnenswertes Opfer handelt, das der Spekulation offen gegenübersteht. Gleichzeitig sind Sicherheitsaspekte für ihn von besonderer Bedeutung, ansonsten würde er weder Festgelder noch Immobilien favorisieren. Aber auch schnelle Entscheidungen gehören zu seinen prägenden Eigenschaften. Der Loader wird sich darauf einstimmen und sich erst zufriedengeben, wenn sämtliche Gelder des Kunden unter seiner Kontrolle sind. Dem Beispiel entsprechend veranschlagt er einen Mindestbetrag von 200000 Mark. Zur Überprüfung des Schätzwertes wird er die Serviceleistung einer Auskunftei, deren Mitglied er ist, hinzuziehen. Das Verkaufsgespräch wird sich aus verkaufspsychologischen Gründen auf eine weitaus höhere Anlagesumme beziehen, um die finanzielle Schmerzgrenze des Kunden auszureizen. »Wenn einer zugibt, 100000 zu haben, kann man getrost von einer halben Million ausgehen. Da heranzukommen, ist nicht immer einfach. Manchmal genügt es, ein Geschäft in Höhe von 10 Millionen vorzuschlagen. Da wird manch einer kleinlaut und offenbart seine finanziellen Verhältnisse. In der Mehrzahl der Fälle ist Salamitaktik angesagt: Das Geld fließt dann scheibchenweise in kleineren Beträgen, wobei man darauf achten muß, daß die Abstände zwischen den Loads nicht zu lang sind.« So die Aussage von Torsten B., Loader einer Düsseldorfer Dreibuchstabengesellschaft.

Um Eindruck zu schinden, wird der Loader sich seinem neuen Opfer als führender Mitarbeiter des oberen Firmenmanagements vorstellen: Tradingabteilung, Direktor der Abteilung für institutionelle Kunden, Verbundberater für Europa etc.

Die Totengräberabteilung

Sie wird auch Kunden- oder Psychoberatung genannt. Der Totengräber kümmert sich um abgefackelte Kunden (Branchenjargon), deren Geld restlos verzockt wurde. Er wird alles daran geben, den Kunden nochmals zu einem Geschäft zu verleiten, um zu holen, was zu holen ist. Das ist kein einfaches Vorhaben, denn Geld- und Vertrauensverlust gehen Hand in Hand. Nicht jeder betrachtet die fehlgeschlagene Spekulation aus der Perspektive Kostolanys, der stets verlauten läßt, daß ein echter Spekulant mindestens einen Totalverlust hinter sich haben sollte.

Der Totengräber ist ein Meister der Beredsamkeit, und mit seiner ausdauernden Überzeugung wird er alles daran setzen, den Kunden weiterhin im Geschäft zu halten; zumindest für ein letztes Load.

Maulwürfe

Im Auftrag eines Abzockerhauses heuern sie bei der erfolgreichen Konkurrenz als Verkäufer an, um dort interessante Zusammenhänge auszuspionieren: Wie arbeitetet die Firma, wie hoch sind die Gebühren, welche Produkte werden verkauft, wo sind die Schwachstellen? Die Erkenntnisse nutzt man für den eigenen Betrieb, und für den Fall, daß die ausgekundschaftete Firma in die Fänge der Ermittler gerät, ist man gerne bereit, beim Todesstoß mit Hand anzulegen.

Die Ein-Mann-Show

Unter den zahllosen Vermittlungsfirmen für Börsengeschäfte finden sich auch solche, die ihren Vertrieb weniger streng durchorganisieren und jeden Verkäufer nach Gutdünken schalten und walten lassen. Der Verkäufer ist alles in einer Person. Er knüpft Erstkontakte im Broschürengespräch und schließt sämtliche Folgegeschäfte ab. Hartgesottene Abzocker halten nur wenig von dieser Methode, denn erstens verwendet der gute Verkäufer zuviel kostbare Zeit auf Akquisition und Interessentenauswahl, und zweitens besteht die Gefahr, daß sich zwischen Verkäufer und Kunden eine allzu vertraute Beziehung aufbaut, die aus Sicht der Telefonmänner dem Geschäft nicht förderlich sein kann. Eine Sympathiebeziehung läßt in den meisten Fällen Hemmungen entstehen.

Auf der anderen Seite bietet diese Struktur einen idealen Nährboden für fingierte Erstgeschäfte. Da kann es vorkommen, daß ein Kunde 2000 Mark auf das Konto eines Vermittlers überweist und nach zwei Wochen unaufgefordert einen Scheck über 3000 Mark zurückerhält. Wer wäre da nicht von der Genialität und Seriosität des Hauses überzeugt? Die Genialität liegt allein darin, daß der Verkäufer aus eigener Tasche in Vorleistung geht. Der Verkäufer kann dann absolut sicher sein, daß er einen neuen Kunden dazugewonnen hat, der uneingeschränkt überzeugt ist, daß Börsenspekulation sich wirklich auszahlt. Das Folgegeschäft wird auch ohne Druck des Verkäufers groß ausfallen. In der Branche heißt es, daß solche Kunden sich selbst loaden. Außerdem wird der auf diese Weise Überzeugte in seinem privaten und geschäftlichen Umfeld für den begnadeten Börsenfachmann die Werbetrommel rühren und neue Lämmer zur Schlachtbank leiten.

Wer nicht bereit ist, die Beute mit selbsternannten Vorgesetzten und einer vielleicht unbekannten Geschäftsführung zu teilen, wird eigene Wege beschreiten. Eine Ecke im heimischen Wohnzimmer oder die Werkbank in der Garage werden dann zum Brokerbüro umfunktioniert. Wem es selbst daran mangelt, der kann auch vom Sitz seines Gebrauchtwagen aus mit dem Handy das Geschäft in Gang halten. 1990 ist es den Behörden in Bochum gelungen, ein Jungbrokerteam zu entlarven, das sich mit bescheidenen Mitteln in einem Hobbykeller ein kleines Abzockerbüro eingerichtet hatte. Die beiden hatten zwar nur einen Kunden, ein Arzt aus Gelsenkirchen, doch der hatte immerhin 250000 Mark auf das Konto der Zwanzigjährigen überwiesen.

Weibliche Abzocker

Wird in Bezug auf die Verkäuferschar regelmäßig in der männlichen Form gesprochen, so ist dies weder Nachlässigkeit noch Zufall. Die Pseudo-Broker-Szene ist eine männliche Domäne. Frauen sind vorrangig in der Broschürenabteilung oder den Sekretariaten (backoffice) zu finden. In den Reihen der Opener oder Loader wird man sie fast nie antreffen; hier sind Männlichkeit und Gewissenlosigkeit unter sich.

Die Firmenstruktur

Firmierung und Firmensitz

Das Ruhrgebiet ist eines der Ballungszentren für Anlagehaie. Die Düsseldorfer Oberfinanzdirektion geht davon aus, daß in dieser Region mindestens jeder hundertste Haushalt zu den Geschädigten zählt.

Eloquente Firmennamen wie Harvard Securities, Esquire Brokerage Corporation oder European Finance Agency vermitteln dem Anleger Seriosität. Die gängigste Form der Firmierung eines Börsenhaies ist die der berühmt-berüchtigten Dreibuchstabengesellschaft: IOF, EFB, WAG, WBB, IBB, um nur einige zu nennen. Hinter den Abkürzungen verbergen sich verheißungsvolle Namen, die internationales Börsen-Flair assoziieren lassen, wie International Brokerage, American Securities Agency, First German Futures, oder Seriosität und Beständigkeit vermittelnde Namen wie Würzburger Aktiengesellschaft, Hamburger Finanzkontor u. ä. Auch offiziell belegte Abkürzungen wie FBI und SEC (das Kürzel der amerikanischen Börsenaufsicht) für Securites Equity & Currency AG mit Sitz in Basel und Augsburg werden schamlos in Messingtafeln graviert und als Blickfang an Eingangstüren oder auf Briefkästen im fernen Ausland montiert.

Die am häufigsten gewählte Gesellschaftsform ist die der GmbH inklusive aller ausländischen Varianten. Doch weder die deutsche Form der Kapitalgesellschaft noch ihre ausländischen Abwandlungen sind Garanten für Sicherheit; und eine Eintragung im Handelsregister ist kein Synonym für die Richtigkeit irgendwelcher Renditeversprechungen.

Nachdem Ende der 80er Jahre große Firmengruppen wie die des Heinz Hensley-Piroth und die des Thomas Quinn enttarnt und die kriminellen Machenschaften publik gemacht wurden, wählen die Börsenhaie der 90er Jahre in verstärktem Ausmaß ein Erscheinungsbild, das auf Bodenständigkeit schließen läßt. So gibt es unter den unzähligen Firmen, die den Markt bearbeiten, in zunehmender Zahl deutsche Gesellschaftsformen, wenngleich sie nicht selten Tochtergesellschaften ausländischer Scheinfirmen mit Briefkastenanschriften sind.

Die grundlegenden Muster innerhalb der Firmenstruktur haben sich erhalten. In der Regel gibt es einen Hauptsitz in einer Großstadt wie München, Düsseldorf oder Frankfurt, der vergleichbar einer Keimzelle funktioniert. Von der Geschäftsleitung forciert, entstehen in regelmäßigen Abständen Firmenableger, die sich virusähnlich über den gesamten deutschsprachigen Raum ausbreiten; zum Teil unter gleichem Namen, häufiger jedoch unter anderer Firmierung. So entsteht ein flächendeckendes, enges und undurchsichtiges Geflecht von Abzockerfirmen.

Manchmal trennen sich Mitarbeiter von ihrem Haus und wagen den Schritt in die Selbständigkeit, wenn sie genügend Geld gesammelt haben, der Staatsanwalt angeklopft hat oder sich Komplikationen in Hinblick auf die schnelle Mark ankündigen. Das erhöht die Ausbreitungsgeschwindigkeit der Schwindelfirmen und führt zur erwünschten Verflechtung der Firmenorganisation. Hans Werner Balz, einer der Drahtzieher der Quinn-Gruppe, gleichzeitig in der Geschäftsleitung der Dortmunder Geldsammelfirma Supercorp. GmbH und in maßgeblicher Position in der Schweizer Stockwell tätig, verläßt Ende der 80er Jahre Dortmund, weil die Ermittlungsbehörden ihm dort auf den Spuren waren. Balz und seine Verkaufsmannschaft stellen ihre Flexibilität unter Beweis und machen sich auf, in Brüssel eine neue Firma, Management Consulting, ein Ableger der European Services, in die Welt zu setzen. Die Trennung vom Quinn-Imperium ist jedoch nur zum Schein vollzogen, denn Balz weiß die geldbringenden Strukturen der Quinn-Organisation zu schätzen und nutzt weiterhin bewährte Verbindungen. Mit dem verdeckten Anschluß an eine funktionierende und gut getarnte Großorganisation stellt es keinerlei Schwierigkeit dar, bei auftretender Gefahr den Ort zu wechseln und beliebig viele Firmen zu gründen. Die lebensnotwendige Hintergrundorganisation bleibt erhalten und wird weiterhin genutzt. Teilstücke der Quinn-Struktur, in Form von Hintermännern und Geldversickerungskanälen, erfüllen noch heute Düsseldorfer und Münchner Abzockerhäuser sowie deren Ableger mit Leben.

Finanzschwindler, die dem Abzockergewerbe längerfristig treu sein möchten und vorhaben, den Markt der Gutgläubigen großflächig zu bearbeiten, dirigieren eine ganze Reihe von Tochterfirmen mit mindestens einem Hauptsitz im Ausland. Belize, La Réunion, die Fidschi-Inseln, das sind nicht nur beliebte Touristen-, sondern auch Abzockerziele. Jeden Tag werden hier und an ähnlichen Orten zahllose neue Firmen angemeldet, die nur ein einziges Ziel verfolgen: Abkassieren.

Raffinierte Geschäftemacher haben die Zeichen der Zeit erkannt und bieten einen ganz besonderen Service an: die Übernahme der erforderlichen Formalitäten für eine Off-shore-Firmengründung. Sie arbeiten damit vor allem den deutschen Anlagebetrügern perfekt in die Hände. Inserate solcher Dienstleistungsunternehmen sind in allen deutschsprachigen Wirtschaftszeitungen zu finden. Die Serviceleistung umfaßt eine schnelle und unbürokratische Geschäftsgründung im Ausland, und wem es am nötigen Startkapital mangelt, dem wird gegen Aufpreis die entsprechende Summe für die Zeit des laufenden Anmeldungsverfahrens zur Verfügung gestellt. So werden riesige Betrugsmaschinen mit Schaltzentralen, die aus dem Verborgenem heraus agieren, in Gang gesetzt.

Auch Organisationen wie die russische Mafia haben Deutschland als fruchtbaren Boden für illegale Geldgeschäfte entdeckt. 48% Zinsen im Jahr werden deutschen Anlegern im russischen Aktiengeschäft versprochen. Dahinter verbirgt sich das Betrügerkomplott der MMM-Investmentgruppe, einer Mafiagesellschaft, die durch Kursmanipulationen und Schneeballsysteme mehr als 10 Millionen Spekulationsopfer im eigenen Lande auf dem Gewissen hat.

Off-shore-Firmen

US-Staaten

Nicht etwa brave Siedler und hartgesottene Cowboys tummeln sich in den US-Staaten Delaware und Wyoming, sondern Anlagebetrüger, die hier eine ideale Ausgangsbasis für ihre Geschäfte gefunden haben. Außer der Firma First Reinsurance Inc., die Anleger einst mit 25% Rendite zu überzeugen suchte, haben hier mehr als zwei Dutzend der in Deutschland ansässigen Anlagehaie zumindest eine Briefkastenanschrift.

Die Firmengründung gestaltet sich einfach und unbürokratisch. Die neue Firma erhält mit einer beeindruckenden, amtlichen Gründungsurkunde gleich den begehrten Briefkasten. Steuern fallen fast keine an. Das kleine Delaware ist ganz groß im Bankgeschäft und vor allem wegen seiner nicht existenten Bankenaufsicht bekannt. Verständlich, daß das Bankgewerbe gerade hier seltsame Blüten treibt: Es gibt weder Aufsichtsinstanzen noch Prüfungspflichten noch Eignungsbeschränkungen für den Bankenvorstand. Das Wort Anlegerschutz ist noch nicht in das Vokabular des Landes aufgenommen worden.

Die Union Lombard Bank and Trust Corp. (ULBT) wird schon seit einigen Jahren immer wieder im Zusammenhang mit Finanzgaunern aller Art erwähnt. Viele der auch in Deutschland eingesammelten Gelder fließen an dieser Stelle zusammen und verschwinden auf Nimmerwiedersehen in den weitverzweigten, dunklen Kanälen der ULBT, die über Tochtergesellschaften auf Nauru, den Marshall Islands, in Cheyenne und Moskau verfügt.

Liechtenstein

Mit 30000 Einwohnern und mehr als 60000 Briefkastenfirmen ist Liechtenstein die Nummer eins unter den europäischen Steuerflucht- und Firmengründungsoasen. Die Gründung einer Liechtenstein-AG ist vergleichsweise einfach zu bewerkstelligen und nicht sonderlich kostenaufwendig: Der Gründer zahlt eine einmalige Pauschale, geringe jährliche Steuersätze sowie einen Jahresbetrag von ca. 4000 Schweizer Franken. Zwar bestehen Rechts- und Amtshilfeabkommen mit Deutschland, doch werden bundesdeutsche Urteile weder anerkannt noch vollstreckt.

Schweiz

Die Gründung einer Schweizer AG ist vergleichsweise teuer und etwas aufwendiger als in anderen Ländern. Es bedarf eines Stammkapitals von 100000 Schweizer Franken und drei Gründungsmitgliedern, von denen mindestens einer ein Eidgenosse sein muß. Für die cleveren Firmengründungsgehilfen sicherlich kein Problem. Das Prestigekürzel AG lassen die Abzocker sich gerne etwas kosten, denn viele Anleger nehmen es als Garant für Qualität und zufriedenstellende Gewinne. Diese machen indes nur die Firmen selbst. Z. B. die Equity Broker Clearing AG oder die Sprungli und Rosenblatt AG, die mit diesem Kürzel immerhin eine gute Weile auf dem Abzockermarkt existieren konnten und genügend Anleger beeindruckt und geschädigt haben, um sich dann im Nichts aufzulösen. Die edlen Büroräume in den Düsseldorfer Nobelmeilen stehen seither leer. Die Equity Broker Clearing AG mit Sitz im schweizerischen Zug rückte das AG-Kürzel werbewirksam in den Vordergrund. Doch allein der wohlklingende Name eines internationalen Finanzplatzes bürgt nicht für Seriosität. Mittlerweile ist ein Konkursverfahren gegen das Haus eingeleitet. Ob die rund 500 Geschädigten jedoch ihr Geld, ca. 80 Millionen Mark, wiedersehen werden, ist zur Zeit ein Rätsel.

Auch wenn Urteile der deutschen Rechtsprechung in der Schweiz vollstreckt und Wirtschaftskriminelle ausgeliefert werden, macht dies keine Aussage über das Wesen einer Finanzdienstleistungsfirma. Die Tatsache, daß die Eidgenossen in rechtlichen Zusammenhängen sehr gut mit der Bundesrepublik kooperieren, wissen die Gauner dadurch zu umgehen, daß sie lediglich das sogenannte Domizilprivileg erwerben. Vor Ort muß keinerlei Geschäftstätigkeit ausgeübt werden. Diese wird weiteren Scheinfirmen übertragen. Das Spiel der Abzocker funktioniert immer nach den gleichen Prinzipien: seriöser Anstrich und utopische Versprechungen. So gelingt es der Schweizer Fidelety Trust S.A. derzeit, mit Renditeversprechungen von 26% unbedarfte Anleger erst über die Grenze und anschließend über den Tisch zu ziehen.

Luxemburg

Obwohl auch mit Luxemburg Rechts- und Amtshilfeabkommen bestehen und Betrugsdelikte umgehend verfolgt werden, blüht das Geschäft mit den Scheinfirmen. Die Attraktivität des Finanzplatzes Luxemburg besteht darin, daß ausländischen Steuerdelikten nicht nachgegangen wird. Ein idealer Platz also, um Schwarzgeld vor dem Zugriff des deutschen Fiskus in Sicherheit zu bringen und es gleichzeitig mit Traumrenditen zu mehren. Die Firmierungen Société Anonyme (S.A.), die vergleichbar mit der deutschen AG ist, sowie Société à responsabilité limitée, in etwa vergleichbar mit der deutschen GmbH, können in Luxemburg auch als Holding betrieben werden. So entstehen nur geringe Gebühren für die Domiziladresse.

Gibraltar

Gibraltar ist ein Eldorado für undurchsichtige Geschäfte aller Art. Ca. 40000 Briefkastenfirmen haben hier ihren Sitz. Wer seinen betrügerischen Geschäften ein ansehnliches Fundament geben möchte und über eine Summe von 250000 britischen Pfund verfügt, kann in Gibraltar eine Banklizenz erwerben und die Geldwäsche fortan über die hauseigene Bank betreiben. Firmengründungen sind etwas preiswerter zu haben: Für 300 britische Pfund pro Jahr kann man eine sogenannte Exempt Company, eine Kapitalgesellschaft, die in Gibraltar keine Geschäftstätigkeit aufnimmt und damit auch nicht steuerpflichtig ist, gründen. Obwohl der kleine Staat der EG angegliedert ist, gibt es weder Amts- noch Rechtshilfeabkommen. So muß im Schadensfall vor Ort ein meist aufwendiges Zivilverfahren geführt werden.

Channel Islands und die Isle of Man

Jersey, Guernsey, Alderney und Sark sind ein reizvolle Zufluchtsorte für Steuerflüchtige. Hier wird solchen Herrschaften u.a. der Weg geebnet, um mit Hilfe ortsansässiger Banken einen Trust zu gründen und Familienvermögen vor dem Fiskus in Sicherheit zu bringen.

Auch Firmengründungen sind oftmalig angestrebtes Ziel. So trifft sich auf den charmanten Inseln eine bunte Mischung Steuerflüchtiger und Krimineller. Englands Prominenz ist ebenso vertreten wie deutsche Börsenhaie. Für ein paar Pfund Sterling und ohne großen administrativen Aufwand kann jeder zum Firmeninhaber werden. Die Corporate Tax Companies haben auf den Inseln selbst keinerlei Geschäftstätigkeit und sichern ihre formale Existenz durch einen jährlichen Pauschalsteuersatz. So betreiben unzählige Betrüger auf den Channel Islands einen Briefkasten, und die Fäden verschiedenartigster Geldsammler laufen hier zusammen.

Der einzig auffindbare Beweis für die Existenz einer Garfield Corporation und der dazugehörigen Aktien, die seinerzeit über die Effekten- und Edelmetallberatungsgesellschaft vertrieben worden sind, war ein Briefkasten auf der Isle of Man. Von beeindruckenderen Hintergründen ausgehend, haben die Kunden der EFB 10 Millionen US-Dollar in einen Briefkasten investiert.

Mit dem Standort auf einer der o.g. Inseln kann das Firmenkapital mit der Gründungseintragung in schwindelerregende Höhen klettern, denn nach geltendem Recht darf eine Firma diesen Betrag selbst vorgeben, ohne den Nachweis der Richtigkeit dafür erbringen zu müssen.

Bermudas und Bahamas

Hamilton, die Hauptstadt der Bermudas, ist ein bevorzugter Sitz für ausländische Firmen und Banken. Die amerikanische Drogenmafia ist hier ebenso zu Hause wie das deutsche Abzockergewerbe. Firmen wie der Optionshändler IHB oder die Düsseldorfer WBB haben in dem Karibikstaat ihr Domizil aufgeschlagen. Auf beiden Inseln sind unzählige Kapitalgesellschaften registriert, deren Geschäftstätigkeit nicht klar erkennbar ist. Amts- und Rechtshilfe wird zwar gewährt, doch da nach dem deutsch-britischen Auslieferungsabkommen Steuer- und Anlagebetrugsdelikte nicht auslieferungsfähig sind, werden bundesdeutsche Urteile weder anerkannt noch vollstreckt.

Die Cayman Islands

Wer hätte es gedacht? Die weltweit höchste Bankendichte findet sich nicht etwa in New York oder Tokio oder vielleicht doch in Frankfurt, sondern auf den Cayman Islands, etwa eine Flugstunde von Florida entfernt. Ein strenges Bankgeheimnis macht diesen Flecken Erde zu einem wahren Bankparadies und zu einem Magneten für Geldwäscher und Betrüger. Die Gründung einer Firma oder einer Bank auf den Cayman Islands ist jedermann möglich, und deutsche Wirtschaftskriminelle sind vor Auslieferung sicher. So tummelt sich hier ein buntes Szenarium von kleinen und großen Betrügern. Die Firma Vega Holding Limited versprach sich und ihren Anlegern von diesem Finanzplatz ungeahnten Reichtum. Edelmetallspekulationen sollten das rechte Mittel dazu sein. Die Geschäftsleitung hat das gesteckte Ziel erreicht, doch die Anleger sind dahinter zurückgeblieben. Das Geld versickerte in den dunklen Kanälen dubioser Banken und die gebeutelten Opfer hatten wieder einmal das Nachsehen.

Die Jungferninseln

Hier residiert u.a. die Warwick Finance and Trust Company. Zum weitläufigen Firmengeflecht gehört z.B. die Kulmbacher Firma mit dem verheißungsvollen Kürzel SSG, Sparen mit Sicherheit und Gewinn. Geschäftsführer sind die justizbekannten und vorbestraften Herren Andreas Schneider und Hans Heinrich Meier. Wer endlich der riskanten Börsenspekulation den Rücken kehren möchte, dem bieten die cleveren Verkäufer Sparprogramme mit Höchstgewinnen, und das auch für den Kleinanleger. Monatliche Raten von manchmal weniger als 100 Mark werden auf den Jungferninseln innerhalb von 10 Jahren eine halbe Million zur Auszahlung bringen. Das verspricht wenigstens die Warwick Finance.

Panama

In dieser krisengeschüttelten Region sind weder Auslieferung noch die Anerkennung deutscher Urteile sichergestellt. Nicht nur die Sprungli und Rosenblatt AG, sondern auch die Firma Ambros S.A. nannten hier einen Briefkasten ihr Eigen. Letztere erschien gern einflußreich und international und installierte gleich einen weiteren Briefkasten in Vaduz, Liechtenstein. Den Vertrieb organisierte die Mülheimer VBS, Vertrauen bringt Sicherheit. Insgesamt waren 3000 Vermittler für die Betrugsfirma unterwegs. Ein kolossales Unternehmen, dessen tragende Säulen zwei Briefkästen waren. Die Gelder der Firma Ambros bzw. das Geld der Anleger floß in amerikanische Terminmärkte. Die angerichteten Schäden gingen in die Milliarden. Wie andere Betrugsmaschinerien fand auch Ambros in dem strengen Bankgeheimnis Panamas einen sicheren Hafen.

Nauru

Die kleine Pazifikinsel bietet eine perfekte Ausgangsbasis für Firmen- und Bankgründer. Ein Ort, der unter den Börsenhaien und Betrügern nicht nur wegen seines Klimas beliebt ist, sondern auch, weil hier selbst große Geldmengen problemlos verschwinden oder bei Bedarf gewaschen werden können.

Der eifrige Bürgermeister von Neckarwestheim hatte Nauru als idealen Anlageplatz für das Geld seiner Steuerschäfchen auserkoren. Die Renditeversprechungen schienen ihm unwiderstehlich, und er zweigte kurzerhand 40 Millionen Mark aus dem Stadtsäckl ab, um durch lukrative Bankgeschäfte sein eigenes Konto zu sanieren. Nachdem er die Geldtransaktion vollzogen hatte, sind die einst so vertrauenswürdigen Vermittler samt der 40 Millionen verschwunden. Und auch die Bank hat ob des guten Geschäftes in orientalisch anmutender Manier gleich ihre Pforten geschlossen.

Fusionen

Daß jährlich schätzungsweise 40 Milliarden Mark in den Grauen Kapitalmarkt fließen, ist nicht zuletzt für die deutschen Banken eine beunruhigende Tatsache. Es ist sicherlich nur eine Frage der Zeit, wie lange die Verantwortlichen tatenlos dabei zusehen, wie dieses Stück vom großen Kuchen an ihnen vorübergeht.

Eine vergleichbare Verlustgefahr am großen Deal drohte seinerzeit durch raffinierte Versicherungsgesellschaften. Strukturvertriebe mit zum Teil fragwürdigen Methoden und Produktpaletten, die in erster Linie die Kassen der Anbieter füllten, ließen die Banken mit dem einst verpönten Gewerbe liebäugeln. Aus dem Flirt wurde mehr. Es ist längst ein offenes Geheimnis, daß die Firma Bonnfinanz zur Tochter der Deutschen Bank avancierte und die Dresdner Bank ihre Produkte zusätzlich über die Deutsche Vermögensberatungs AG (DVAG) vertreiben läßt. Zur Absicherung der Liaison hat man Deutschlands bekanntesten Anlegerschützer, Heinz Gerlach, unter Vertrag genommen. Die Commerzbank stand nicht lange zurück und folgte dem Beispiel, indem sie eine enge Zusammenarbeit mit dem Allgemeinem Deutschen Wirtschaftsdienst (AWD) besiegelte. Dieser fatalen Konsequenz liegt der einfache Gedanke zugrunde, daß es weniger Aufwand darstellt, bewährte Strukturen zu kopieren, als sich davon deutlich und seriös abzugrenzen. Die schäbigen Wege sind eben die ertragreichsten. Ist es also nur eine Frage der Zeit, bis das Bankgewerbe unter die Decke der Börsenvermittler kriecht? Erste Schritte in diese Richtung sind getan. Der Fall des Österreichers Michael Lielacher unterstreicht die Tendenz. Mit bankunüblichen Produkten und Verkaufsstrategien der Telefonzocker hat der Chef der Wertpapierabteilung der Ersten Österreichischen Spar-Casse-Bank für Schlagzeilen gesorgt. Über einen Zeitraum von mehreren Jahren ist es ihm gelungen, gute Profite für sich und anfänglich auch für seine Kunden zu erwirtschaften. Die Wiener Lokalpresse feierte Lielacher als österreichischen Börsenguru, und Lielacher ließ sich gerne feiern. Seine Arbeitgeber spielten die Machenschaften des fragwürdigen Beraters als Starallüren herunter und ließen ihn ungeachtet aller Auffälligkeiten seine dunklen Wege beschreiten. Nicht nur die Telefonkloppermethoden, so stellte sich später heraus, hat der Wertpapierberater bei seinen unseriösen Kollegen aus der Vermittlungsszene abgekupfert, sondern auch deren Geschäftspraktiken. Die ungarischen Aktien, die er marktschreierisch anpries, entstammten Unternehmen, deren Besitzer in engster Verbindung zu ihm standen. Die Aktien entbehrten bereits zum Zeitpunkt der Emissionierung eines soliden finanziellen Fundamentes.

Besonders hervorgetan hat sich in diesem Zusammenhang auch die Bayerische Vereinsbank. Nachdem sich bei der Düsseldorfer Tochter, der Simonbank AG, die Beschwerden über die Berater und deren katastrophale Anlagestrategien häuften, stellte man kurzerhand den Betrieb des jungen Bankhauses ein und ließ es im Schoße der bayerischen Mutter unauffällig verschwinden. Gemeinsam mit der Wiener Creditanstalt-Bankverein wurde die WPZ, die Wirtschafts- und Privatbank Zürich, gegründet. Mit spekulativen Optionsgeschäften und fragwürdigen amerikanischen OTC-Aktien wollte man am Reibach, den die Börsenhaie schon seit Jahren in diesem Geschäft machen, teilhaben. Über das renommierte Mutterhaus in der bayerischen Biermetropole wurden vor allem Kunden, die Geld vor dem deutschen Fiskus in Sicherheit bringen wollten, zu Anlagen bei der WPZ überredet. Für die meisten eine schmerzvolle Erfahrung. Binnen kürzester Zeit gelang es den Beratern der WPZ, die Depots derart herunterzuwirtschaften, daß sich vormals schwarze Zahlen auf den Kundenkonten in rote verwandelten. Mangelnde Sicherheitshinterlegungen bei Termingeschäften und die Machenschaften unqualifizierter Berater und Manager erinnern eher an kriminelle Börsenhaie als an Bankgeschäfte. Der Optionsfond Wega 9 ist ein Beleg für den Dilettantismus, mit dem die WPZ ihre Börsengeschäfte betrieb. Nachdem mit Optionen auf vornehmlich japanische Finanztitel der Fond mehr als 60% seines ursprünglichen Wertes eingebüßt hatte, versuchte man, durch hochspekulative Devisengeschäfte das Geld wieder zurückzuholen. Die WPZ ihrerseits tat der vorprogrammierten Talfahrt dadurch Genüge, daß sie den verantwortlichen Fondmanager entließ. In Anbetracht der chaotischen Zustände sicherlich nur ein Tropfen auf den heißen Stein. Bevor die Zustände in einem katastrophalen Ende eskalieren konnten, quittierte die WPZ 1993 ihr Dasein, um mit der renommierten Bank von Ernst & Cie – im übrigen eine 100%ige Tochter der Bayerischen Vereinsbank – zu fusionieren. Keine Frage also, daß dort ein Großteil der ehemaligen Führungsriege wieder ein aussichtsreiches Bestätigungsfeld gefunden hat.

Dieser Tage ziehen zweifelhafte selbsternannte Vermögensberater der untersten Kategorie, wie etwa der verkrachte Ex-Immobilienmakler Jochen M. aus Euskirchen, durch das Land, um kleinen und mittleren Anlegern den Vermögensmehrungs-Service der Bank von Ernst nahezubringen.

Geschäftsführer und Hintermänner

Der Branche zugeneigte Rechtsanwälte und Unternehmensberater geben den Schwindelbrokern sichere Strukturen, die vor dem kritischem Blick der Justiz bestehen können. Der Rechtsanwalt Hans M. Aichele aus Basel ließ sich in den 80er Jahren gegen ein stattliches Entgeld öffentlich vor den Karren einer Abzockercrew spannen. Ein Rechtsanwalt als Verwaltungspräsident räumte bei den Kunden sämtliche Zweifel über mögliche krumme Geschäfte aus. Als die Firma aufflog, wollte der saubere Herr von kriminellen Machenschaften nichts gewußt haben. Andere Mitglieder der Zunft sind von dem Geldsammlergewerbe derart angetan, daß sie mit wehenden Fahnen die Fronten wechseln und höchst persönlich am Telefon abzockend aktiv werden.

Nicht selten sind die Geschäftsführer Marionetten einer weit verzweigten Organisation. Sie haben keinerlei Einfluß auf die Prinzipien der Firma und fügen sich aus Geldgier in die vorgegebene Schablone. Finanziell gesehen, partizipieren sie an jedem über die Firma getätigten Trade und erzielen so großartige Monatsabrechnungen. Eher als in anderen Branchen zwingt man sie jedoch zur Aufgabe ihrer Position, sobald die Umsätze nachlassen oder andere Widrigkeiten den Geldfluß ins Stocken bringen. In solchen Fällen ersetzt man den Betroffenen schnell durch eine Person aus den eigenen Reihen, denn eine Position als Geschäftsführer ist für viele Mitarbeiter der Branche erstrebenswert. Firmen, die durch gut getarnte Hintergrundorganisationen am Leben gehalten werden, setzen nicht selten unbedeutende Strohmänner auf diese Positionen. Wer die eigentlichen Hintermänner und Drahtzieher sind, wird oft verschwiegen, und selbst langjährige Mitarbeiter wissen nicht immer, wer sich eigentlich hinter ihrer Firma verbirgt.

Der Mitarbeiter einer Wiener Vermittlungsfirma wußte lediglich zu berichten, daß ein ehemaliger Kunde des Hauses sich in die Vermittlungsfirma eingekauft hat, als er eine Ahnung davon bekam, welche Verdienstchancen sich in diesem Gewerbe auftun.

Das Funktionieren des Geschäftes ist abhängig von Kontakten zu guten Zuarbeitern. Vor allem im Penny-stock-Geschäft kommt es auf gute Verbindungen im Land der unbegrenzten Möglichkeiten an. Firmen, die in Deutschland dieses Geschäft im großen Stil betreiben, haben Drahtzieher, die offiziell in keiner nachweisbaren Verbindung zu ihnen stehen, es aber nicht scheuen, in den deutschen Vermittlungsbüros aufzutauchen, um sich den Mitarbeitern mit neuen Firmen und Produkten vorzustellen. Der

Amerikaner Phil A. ist in den vergangen Jahren bei vier unterschiedlichen, amerikanischen Aktiengesellschaften aus unterschiedlichsten Branchen als Gründer, Chairman o.ä. in Erscheinung getreten. Die Aktien dieser Gesellschaften (Nebenwerte des OTC-Marktes) werden ausnahmslos über Vermittlungsbüros im gesamten deutschsprachigen Raum vertrieben.

Thomas Quinn zählte einst zu den ganz Großen seiner Zunft. Anders als viele seiner Kollegen kann er eine exzellente Ausbildung als Jurist und Broker vorweisen. Beide Berufe wußte er in genialer Weise zu verquicken und machte damit Millionen. Dabei sahen amerikanische Behörden allerdings nicht tatenlos zu. Quinn wurde für beide Berufsbilder ein Berufsverbot erteilt, was ihn nicht daran hinderte, aus seinem Wissen um Börse und Gesetze weiterhin Kapital zu schlagen. Der Altmeister der Börsenhaie hat Spuren hinterlassen, in die man heute noch tritt. Vor allem der Aufbau und die Struktur des Unternehmens haben auch für den Abzocker von heute noch Vorbildcharakter. An guten Tagen schwatzten die Verkäufer 200000 Aktien und mehr unter eine gierige Anlegergemeinschaft. Bis in die 90er Jahre dirigierte Quinn weltweit mehr als zwei Dutzend Firmen. Darunter die Chelsea Financial, die Falcontrust Financial, die Chartwell Securities, die bereits 1983 von der Staatsanwaltschaft dichtgemacht wurde, Intravest, Intereffekta, Supercorp., die Equity Management Systems u.v.m. Nicht zu Unrecht wurde Quinn nach seiner ersten Heirat mit der Tochter eines Mafiosis als Pate bezeichnet. Seine Kontakte reichten bis in die Mafia.

Obwohl befreundet mit Hensley, ist es der Justiz bisher nicht gelungen, die geschäftliche Verstrickung der beiden Giganten aufzudecken. 1993 wird Quinn wegen Betrugs angeklagt und verschwindet von der Bildfläche. Die Firmenstrukturen, die er entwickelt hat, existieren und funktionieren teilweise noch heute. Einige seiner Verkäufer und ehemaligen Geschäftsführer haben nach dem Zusammenbruch die Gunst der Stunde genutzt und ein eigenes Abzockerimperium mit der tatkräftigen Unterstützung durch Quinns Hintermänner aufgebaut. Quinn operierte von der Schweiz aus. In Chur und Genf befanden sich die europäischen Organisationszentralen für sein erstklassiges Betrugsnetz. Jedoch verzichtete er nicht auf weitere Stützpunkte in Europa, Australien, Asien und Amerika. Seine Truppe rekrutierte sich aus einschlägigen Betrügern des In- und Auslandes. So entstand ein weltweit funktionierender Ring von Betrügern mit einem undurchsichtigen Firmenkonglomerat. Wann immer eine Firma geschlossen wurde, fanden Macher und Telefonverkäufer bald Unterschlupf bei anderen Quinn-Firmen. Flexibilität und Mobilität waren die wichtigsten Eigenschaften für die Verkäufer. In eigens von der Firma angemieteten Wohnungen und Hotelsuiten fanden flüchtige Mitarbeiter stets ein sicheres Versteck, und der Geldfluß brach niemals ab. Verkauft wurden Penny Stocks mit schillernden Namen wie Pilgrim Venture, Transworld Network, Columbia Electronic Systems, Vanguard Financial Inc., Hillside Gold and Minerals. Die meisten Aktien waren völlig wertlos und wurden noch nicht einmal im OTC-Markt gehandelt. Ihre Existenz fristeten die Firmen für einen kurzen Zeitraum auf dem Papier. Ein paar tausend Dollar genügten, um eine Firma aus dem Boden zu stampfen. Mitglieder der Quinn-Truppe übernahmen maßgebliche Funktionen bei den Gründungen, investierten ein paar Dollar für den administrativen Aufwand und erhielten pro forma Führungspositionen in den Scheingesellschaften. Insgesamt investierten Anleger aus dem deutschsprachigen Raum mehrere Milliarden Mark in die Scheinfirmen des Herrn Quinn. Mit mindestens 500 Millionen Dollar bereicherte Quinn sein eigenes Konto.

Wer kauft?
Eine Opferbeschreibung

So manch ein Angerufener wird sich schon gefragt haben, wieso ausgerechnet er ins Visier der Anlagehaie geraten ist. Die Antwort ist bestechend einfach: Jeder, der in irgendeiner Art als Geschäftsmann in öffentlichen Adreßbüchern oder als der wohlhabenden Mittelschicht zugehörig in den Medien in Erscheinung tritt, zählt zur bevorzugten Zielgruppe.

Voraussetzung für eine Kontoeröffnung bei einem Börsenhai ist eine Mindesteinlage, die sich im Durchschnitt zwischen 5000 und 10000 Mark bewegt. Auch Einstiegssummen zwischen 500 und 1000 Mark werden akzeptiert, denn wer erst einmal den Anfang gemacht hat, ist leicht zu weiteren Spekulationsgeschäften verführbar. In kürzester Zeit werden dann mit den entsprechenden verkäuferischen Tricks die Summen aufgestockt. Somit ist auch der Kleinanleger für den Finanzhai interessant.

Noch vor einigen Jahren setzte sich der Kundenstamm der Geldhaie fast ausschließlich aus den sogenannten HIPs, den High Income People, d.h. Geschäftsführern, Freiberuflern, Staatsdienern, Managern u.a., zusammen. Der Wunschkunde eines Finanzhaies sollte sich im mittleren bis höheren Management bewegen, über ein Bruttojahreseinkommen von 200000 DM verfügen und ein respektables Eigenheim, als Möglichkeit zur Kapitalbeschaffung, sein eigen nennen. Obwohl diese Zielgruppe nach wie vor heftig umworben wird, hat sich die Klientel vergrößert. Immer mehr selbständige Handwerker, kleinere Geschäftsleute und Normalverdiener werden in den Bannkreis der Geldhaie gezogen und durch den Traum vom großen Geld um ihr Erspartes und nicht selten um ihre Existenz gebracht. Die Kunden sind in fast allen Bildungs- und Berufsschichten zu finden. Vom Vorstandsvorsitzenden bis zum Kioskbesitzer ist alles vertreten. Auffallend ist die Tendenz, daß mit dem Bildungsgrad auch die Bereitschaft für Risikogeschäfte zunimmt. Zeitmangel einerseits könnte dafür ein verantwortlicher Faktor sein. Andererseits handelt es sich hier um eine Personengruppe, die daran gewöhnt ist, wichtige Entscheidungen über die Kommunikationsmedien weiterzugeben. Dabei nimmt das Telefon eine herausragende Position ein. So ist diese Personengruppe für Telefongeschäfte prädestiniert. Ohne den Berater und dessen Firma auch nur ein einziges Mal zu Gesicht bekommen zu haben, werden Summen in Millionenhöhe auf die Konten der Geldhaie überwiesen. Untere Gehaltsgruppen hingegen öffnen ihr Portemonnaie eher, wenn ein persönlicher Kontakt vorausgegangen ist oder ein heißer Anlagetip aus dem Bekannten- oder Familienkreis kommt. Erst danach ist der Telefonhai erfolgreich. Mit steigender Tendenz beteiligt sich auch das Umfeld der Kunden an der vermeintlichen Spekulation. So werden Konten für Ehefrauen, Freunde und Freundinnen, Kinder und Sekretärinnen eröffnet, die über kurz oder lang alle vom gleichen Schicksal ereilt werden: Totalverlust.

Weibliche Kunden hingegen gelten immer noch als Besonderheit. Die vorsichtige Zurückhaltung, mit der sich Frauen in geschäftlichen Bereichen in finanzielle Abenteuer begeben, ist auch im Spekulationsbereich wiederzufinden. Allerdings gehen solche Frauen, die für die Spekulation eine Neigung verspüren, aufs Ganze. Achim S., Loader in einer Hamburger Zockerbude (Branchenjargon), bewertet die Akquisition weiblicher Kunden als äußerst strapaziös. Nach einer vierjährigen Abzockerkarriere hat er insgesamt 1200 Kunden »betreut«, nur elf davon waren weiblichen Geschlechts. S. bestätigt die Brachenweisheit, daß Frauen, wenn sie das Risiko lieben, »richtig zulangen«. Da werden meist gleich zu Beginn große Summen eingesetzt. Die Gärtnereibesitzerin Barbara L. aus Bielefeld ist dafür ein stellvertretendes Beispiel: Gleich im Opening startete sie mit einer Summe von 80000 Mark. Weitere 125000 Mark folgten wenig später. Das Geld hat sie nie wieder gesehen. Mittlerweile hat Frau L. Anzeige sowohl gegen ihren Steuerberater, der ihr zu dem Geschäft geraten hatte, als auch gegen den Finanzberater erstattet.

Eine andere beliebte Zielgruppe sind Existenzgründer in den neuen Bundesländern. Noch bevor sie ihr Geld in das eigene Unternehmen investieren können, tönen verlockende Versprechungen vom großen Geld, das man an den internationalen Börsenplätzen verdienen kann, durch die Telefonleitung. Wer hier nicht widerstehen konnte, hat bestenfalls die Existenz der Abzokker gesichert.

Das Adreßmaterial

Adreßbücher

Zur Zielgruppe erster Wahl zählen Besitzer und Geschäftsführer solcher Firmen, die mit großen und größeren Anzeigen im Branchenbuch vertreten sind. Daneben sind Freiberufler, Ärzte, Architekten, Zahntechniker und sogar Ständeberufe wie Rechtsanwälte und Notare beliebte Zielgruppen. Besonders umworben werden Branchen, von denen man annimmt, daß sie über ein sattes Schwarzgeldpolster verfügen: Tankstellenbesitzer, Handwerker, Schrotthändler u. ä. Das Adressenmaterial stammt aus Registern wie *Hoppenstedt* oder *Red Box*. Vor allem das finanzberatende Greenhorn schätzt Adreßmaterial, aus dem die Namen der gewünschten Ansprechpartner hervorgehen. Das erleichtert den telefonischen Weg vorbei an Vermittlungsstellen und Sekretärinnen. Der routinierte Abzocker braucht maximal ein Telefon und ein wenig Zeit, um sein Portemonnaie zu füllen. Abzockeraltmeister Heinz Hensley-Piroth protzte gern mit der Aussage, daß er in nur zwei Tagen mühelos mehrere Millionen Mark über das Telefon reinholen (Branchenjargon) könne.

Entdeckt ein Verkäufer seine Vorliebe für eine bestimmte Branche, wird er sich dieser mit besonderer Sorgfalt widmen und sein

Verkaufsgespräch dem jeweiligen Branchenjargon anpassen. Ein beliebter Trick ist die Nennung erfundener Referenzkunden:

»Ihr Kollege, Herr X, ist längst Kunde unseres Hauses. Sie wollen doch wohl nicht letzter sein?«

Da es in deutschen Landen nicht gerade salonüblich ist, über Geld zu reden – der eine hat zu wenig und der Nachbar darf es nicht wissen, der andere hat zuviel und das Finanzamt darf es nicht erfahren – akquiriert der abgebrühte Finanzhai mit diesem Zug en passant neue Kunden.

Gekauftes Adreßmaterial

Der Ankauf von Adreßmaterial gehört zu den selteneren Maßnahmen. Man scheut jede zusätzliche Ausgabe, und selbst die kleinste Stadtbibliothek verfügt schließlich über einen Präsenzbestand an entsprechenden Nachschlagewerken, die vor Ort kopiert werden können. Der legale Kauf von Adressen geschieht über einen der unzähligen Adreßverlage, Agenturen für Direktmarketing etc. Die Auswahlkriterien, die dem Käufer dort geboten werden, sind vielfältig: Personen, die bereits auf dem Kapitalmarkt tätig waren und sind, Anschriften sogenannter DINKS (double income no kids, also Doppelverdiener ohne Kinder), ebenso wie Mitgliederverzeichnisse exklusiver Clubs: Tennisclubs, Rotarier, Golfclubs, Segelclubs etc.

Firmeninterner Adreßhandel

Kommt ein Telefonverkäufer mit einem Kunden nicht mehr zurecht, vielleicht weil er ihn zu schnell hat ausbluten lassen, oder braucht er dringend ein wenig Bargeld, werden Kunden auch innerhalb des eigenen Hauses verhökert. Der Preis ist abhängig von der noch vorhandenen Equity, dem tatsächlichen Gegenwert der Aktien- und Terminkontraktbestände des Kontos. Da die Summe meistens gegen null tendiert, wird versucht, die noch vorhandene Finanzkraft des Kunden zu ermessen. Sein beruflicher Status ebenso wie die Notizen auf der Kundenkarte werden dazu herangezogen. So kann es geschehen, daß ein Kunde für einige hundert Mark, nur selten sind die Summen höher, seinen Berater wechselt. Der Kunde selbst wird diesen Deal nicht bemerken. Der neue Berater wird, wenn er sich dem Kunden vorstellt, unaufgefordert einen Grund nennen, warum ab sofort er die Betreuung übernimmt. Dies könnte z.B. so klingen:

»Ihr Berater, Herr X, befindet sich für einige Monate in unserem Mutterhaus in den USA.«

Oder:

»Ihr Berater, Herr X, ist ab jetzt in erster Linie für institutionelle Kunden zuständig.«

Auf jeden Fall beabsichtigen die Aussagen, Wichtigkeit und Seriosität des Hauses zu suggerieren und dem neuen Berater damit den Rücken zu stärken.

TOL-Karten

Eine Sonderposition nehmen die sogenannten TOL-Karten (Total ohne Lust) ein. Hier handelt es sich um hauseigene Adressen solcher Interessenten, die sich zwar eine Broschüre haben schicken lassen, darüber hinaus jedoch kein weiteres Interesse signalisiert haben. Diese Adressen werden keineswegs archiviert oder vernichtet, wie es vertriebsüblich wäre, sondern weiterhin fleißig bearbeitet. Sie dienen Branchenneulingen zum Üben, abgebrühten Verkäufern zum Warmreden oder Frust ablassen oder werden bracheninte rn verhökert: entweder offiziell über die Geschäftsleitung oder inoffiziell über die Strippenmänner. Der Stückpreis einer solchen Adresse liegt ungefähr bei zwei D-Mark. So erklärt es sich, daß Personen, die bereits mehrfach ihren Unmut und ihr Desinteresse gegenüber dem Anrufer und dessen Spekulationsvorschlag formuliert haben, immer wieder angerufen werden, und das sogar aus unterschiedlichen Häusern. Es ist kein Ausnahmefall, daß dieses Material Neukunden hervorbringt. Was Berater A nicht gelungen ist, gelingt vielleicht Berater B. Und eins weiß man in der Branche: Kunden müssen weichgekocht und, wenn es sein muß, auch mal richtig zusammengebrüllt werden.

Gebrannte Kinder

Eine äußerst interessante Zielgruppe sind Personen, die bereits Schaden genommen haben. Die meisten halten sich für besonders klug und glauben, ihre teuer bezahlte Erfahrung sei zukünftig ein ausreichendes Warnsystem gegen Betrüger aller Art. Treu nach der Devise: »So etwas passiert einem schließlich nur einmal«, tätigen sie ein neues Verlustgeschäft. Adressen solcher platten Kunden (Branchenjargon) sind in der Klopperszene (Branchenjargon) sehr begehrt und werden zu entsprechenden Preisen gehandelt. Ordner, gefüllt mit derartigen Adressen, wechseln nicht unter 10000 Mark ihren Besitzer. Verkäufer und Sekretariatspersonal betreiben damit einen regelrechten Handel. Jeder, der von einer Firma zur anderen wechselt, wird bemüht sein, möglichst viele Adressen intakter, aber auch abgebrannter Konten in die neue Klopperbude (Branchenjargon) zu überführen. Die Falken Vermögensberatung in Düsseldorf ist z.B. auf diese Weise entstanden. Erich Holderer, einst Starverkäufer der Blinder International, stieg dort aus und machte seine eigene Show – zunächst unter dem Namen Holderer & Partner, dann als Falken Vermögensberatung. Ein anderer Gesellschafter der Firma, Siegfried Höhn, hat gemeinsam mit Horst Gaudian sein Handwerk bei Oberabzocker Lutz Pilling und seiner Intercontinental Brokerage gelernt.

Der Umgang mit abgebrannten Kunden unterteilt sich in vier Phasen:

1. Phase: Kontakt

Der Angerufene wird den Anruf sofort abblocken wollen, wenn er merkt, daß ein Anlageberater am anderen Ende der Telefonleitung spricht. Jetzt geht es darum, das Gespräch zu halten. Ohne Umschweife wird der Angerufene auf seinen Verlust angesprochen. Fast jeder wird auf diese Weise zum Plaudern angeregt und erstattet Bericht von seiner leidvollen Erfahrung. Nach maximal fünf bis zehn Minuten verabschiedet sich der Pseudo-Broker mit dem Versprechen, sich wieder zu melden.

2. Phase: Vertrauen

Der potentielle Kunde wird regelmäßig angerufen. Man läßt ihn erzählen und bestätigt seine Erfahrungen. Der Börsenhai beginnt, ihn mit Informationen über die schwarzen Schafe der Branche zu füttern. Zeitungsberichte, Gerichtsurteile etc. werden ihm übermittelt. Außerdem erhält er Tips, wie er evtl. wieder an sein verlorenes Geld kommen könnte. Anschriften von Anlegerschutz- und Verbraucherverbänden sowie die Namen von renommierten Anwälten wirken sehr vertrauenerweckend, denn wer selbst betrügt, so ist die logische Schlußfolgerung, wird solche Informationen nicht weitergeben.

3. Phase: Ködern

Der Börsenhai gibt vor, den Angerufenen sehr sympathisch und seine Erfahrung höchst interessant zu finden, und ruft deshalb immer wieder an. In Phase drei beginnt er, von seinen Geschäften, die selbstverständlich sauber und profitabel sind, zu erzählen, doch den Angerufenen schließt er dabei als möglichen Kunden kategorisch aus.

4. Phase: Abschluß

Wieder hört der Angerufene eine exklusive Information über grandiose Verdienstmöglichkeiten, bekommt jedoch gleichfalls zu hören, daß das Geldverdienen wohl für ihn nichts sei. Geschickte Telefonverkäufer treiben dieses Spiel derart auf die Spitze, daß das angrufene Opfer geradezu darum bitten muß, doch noch einen Versuch wagen zu dürfen.

Zeitungen und Zeitschriften

Vor allem die Wochenendausgaben der Tageszeitungen und der Anzeigenteil bestimmter Fachzeitschriften sind für den Börsenhai wahre Adreßarsenale. Sämtliche Privatverkäufer von Luxusgütern (wie Reitpferde, teure Autos, Yachten, Schmuck, Antiquitäten u.ä.) sind, sofern ihre Telefonnummer angegeben ist, aussichtsreiche Beute. Interessant sind auch die Verfasser von Leserbriefen zum Thema Geld und Börse, denn bei ihnen kann Interesse am Anlageobjekt vorausgesetzt werden. Die Artikel sind üblicherweise mit vollständigem Namen und Wohnort des Verfassers abgedruckt. So genügt ein Anruf bei der Auskunft, und der potentielle Kunde ist ausfindig gemacht. Ferner wird die Rubrik ›Neueintragungen ins Handelsregister‹ ausgeschlachtet. Da diese Firmen noch nicht in öffentlichen Registern und Adreßbüchern verzeichnet sind, bietet sich die einmalige Gelegenheit, als erster den Fuß in der Tür zu haben.

Vorlesungsverzeichnisse

Selbst die Vorlesungsverzeichnisse deutschsprachiger Universitäten werden aufmerksam in jeder Zockerbude (Branchenjargon) studiert. Allerdings liegt das Hauptaugenmerk nicht auf dem Bildungsaspekt, sondern auf den Professoren der einzelnen Fakultäten. Sie sind in jedem Vorlesungsverzeichnis mit Fachgebiet, universitärer Telefonnummer und in den meisten Fällen auch mit Privatanschrift und privater Telefonnummer abgedruckt. Besonders interessant sind Professoren, die Instituten vorstehen, die durch die Wirtschaft gefördert werden. Hier vermutet unser Börsenhai zusätzliches Geld.

Öffentliche Register

Der geldgierige, emsige Finanzhai scheut keineswegs ein wenig Aufwand, um seinen Kundenstamm zu erweitern und sein Einkommen zu steigern. So kann man ihn oder einen seiner Handlanger beim Grundbuchamt antreffen, wo er sich ein Verzeichnis sämtlicher Hauseigentümer seiner Region beschafft. Denn entweder hat der Hausbesitzer Geld, oder er kann über Hypotheken welches beschaffen. Nicht selten hat dies schon zur Überschuldung und zu existentiellen Katastrophen bei den Spekulationsopfern geführt. Alfons M., Metzgermeister aus Wermelskirchen, ist durch die Versprechungen, die ihm gleich mehrere Telefonhaie ins Ohr säuselten, ruiniert und steht mit 47 Jahren vor dem finanziellen Nichts. Damit nichts schiefgehen konnte, hatte M. gleich bei zwei unterschiedlichen Firmen Verträge unterzeichnet. Die einmaligen Spekulationsangelegenheiten hat er mit einer Hypothek auf sein Mehrfamilienhaus getätigt. Alles verlief nach bekanntem Muster: Der Metzger glaubte, das große Los gezogen zu haben, schoß sein letztes Geld nach und dann kam das böse Erwachen. Nicht nur sein Geld, sondern auch die Betrüger waren verschwunden. Das Haus von M. kam unter den Hammer. Er leidet seitdem an Depressionen. Für einen Prozeß fühlt er sich psychisch und finanziell noch zu schwach.

Aufgelesenes

Der möglicherweise selbst der Spielleidenschaft frönende Finanzhai wird nicht nur beim Roulettspiel zu beobachten sein. Man trifft ihn bereits auf dem Casino-Parkplatz dabei an, wie er die Autokennzeichen der großen Automarken notiert. Ein Mittelsmann bei der Polizei oder beim Straßenverkehrsamt, mit einer Kleinsumme geschmiert, beschafft die restlichen Daten, und schon hat unser Finanzhai ein respektables Potential qualifizierter Adressen.

Die Möglichkeiten, kontinuierlich an neue Adressen zu gelangen, sind endlos. Seien es Verzeichnisse von Assistenzärzten, Bewohnern feudaler Altersheime oder die Hinterbliebenen Verstorbener, die in Todesanzeigen mit großem Aufwand betrauert werden. Moralische Bedenken sind dem Börsenbetrüger unbekannt. Er kennt nur seinen eigenen Vorteil. Hilfreich sind Kontakte zu Mitarbeitern von Versicherungsgesellschaften. Von ihnen erfährt der Telefonhai, wann bei wem welche Lebensversicherung zuteilungsreif ist. Und auch die Lotteriegewinner, die im Fernsehen mit Name und Wohnort bekanntgegeben werden, sind umworbene Personen.

Eine einfach zu handhabende Zielgruppe stellen Mitarbeiter amerikanischer Aktiengesellschaften dar, die in Deutschland ansässig sind. Diese Gruppe wird im Erstgeschäft mit einem Aktien- oder Optionskauf der Aktien des eigenen Arbeitgebers in die Falle gelockt, um anschließend mit todsicheren Tips das Geld in andere, für den Verkäufer lukrative Anlagemöglichkeiten zu investieren.

Eine Kundentypologie

Der Börsenfan

Obwohl in Deutschland das Aktiengeschäft nur einen vergleichbar kleinen Anteil unter den möglichen Geldanlagevarianten einnimmt, werden Portfolios in zunehmendem Maße strategisch angelegt. Der Anleger, der zehn Daimler-Aktien in seinem Depot hat, um sie nach einem halben Jahrhundert seinen Enkeln zu vererben, ist eine aussterbende Gattung. Die dynamischen Wertpapiermärkte der 90er Jahre sind auch für Kleinanleger eine große Herausforderung. Also gehen die Börsenhaie auf die Suche nach Personen, die der Thematik Börsenspekulation zugeneigt sind, die Performance jedoch einem Spezialisten überlassen möchten. Diese Anlegergruppe unterteilt sich in zwei Kategorien:

Der erfahrene Spekulant

Er hat bereits Börsenerfahrung sammeln können, ist vielleicht auch schon einmal auf einen Betrüger hereingefallen. Den Verlust hat er verschmerzt, denn er weiß, daß man bei bestimmten Spekulationsformen nur mit Spielgeld, einem Betrag, den man entbehren und bei Verlust mühelos verschmerzen kann, arbeiten darf. Er ist sich darüber im klaren, daß ein gut gemanagtes Portfolio nur dann Erträge bringt, wenn es professionell gecoacht wird. Er selbst hat nicht die ausreichende Zeit, sich in alle Besonderheiten der Spekulation einzuarbeiten und alle interessanten Märkte kritisch zu beobachten. Der Argumentation der Telefonverkäufer steht er offen gegenüber, denn er weiß, daß gerade am Aktienmarkt schnelle Entscheidungen lebensnotwendig sein können. So hegt er weder Vorbehalte gegen das Medium Telefon noch gegen den Anrufer, der mit kompetent wirkenden Aussagen ein Anlageangebot unterbreitet.

Der unerfahrene Spekulant

Seine Börsenerfahrung tendiert gegen null. Jedoch war er schon immer vom Börsengeschehen fasziniert. Während seines letzten Geschäftsaufenthaltes in New York hat er die Gelegenheit wahrgenommen, sich die legendäre Wall Street und die New York Stock Exchange einmal genauer anzusehen. Sein Bankberater hat ihn schon mehrfach auf die Möglichkeit der Aktien- und Terminspekulation hingewiesen, doch irgendwie hat der Funke nicht richtig gezündet. So liegt sein Geld in Festgeldanlagen, und erst kürzlich hat er sich eine größere Immobilie zugelegt. Der Anruf dieses »Börsenfachmannes« kam gerade zur rechten Zeit. Man hat sich auf Anhieb verstanden. Da ist endlich einmal jemand, der die Sache richtig angeht.

Beide, der Erfahrene und der Unerfahrene, leugnen nicht, die regelmäßigen Anrufe »ihres Brokers« als extravagant und schick zu empfinden. Sie legen deshalb besonderen Wert auf eine präzise und sofortige Information über jede Transaktion. Kein Problem für unseren Abzocker, dann ruft er sie eben an und macht sie mit verblüffenden Insiderkenntnissen ganz heiß auf das neue Geschäft oder berichtet im Nachhinein, daß er bei dieser einzigartigen Möglichkeit sofort hatte handeln müssen.

»Herr Kunde, hätte ich dieses Geschäft ohne Sie gemacht, das wäre einfach unverzeihlich gewesen, und Sie hätten zu Recht den Kontakt zu mir abbrechen müssen.«

Sollte ein Kunde etwas gegen die vorschnelle Handlungsweise »seines Brokers« einzuwenden haben, kann auch schon mal ein etwas schärferer Ton angeschlagen werden:

»Sie sind ... von Beruf. Ich bin Broker. Ich mische mich nicht in Ihre Entscheidungen, mischen Sie sich nicht in meine. Solange ich für Sie die Profite erwirtschafte, bestimme ich, wo's langgeht.«

Solche Worte, mit der entsprechenden Überzeugung und dem nötigen Quantum an Aggressivität und Arroganz ausgesprochen, vermitteln, daß der Sprecher sich derartige Äußerungen leisten kann.

Der Gierige

Unabhängig davon, ob er viel oder wenig Geld besitzt, er will mehr. Viel mehr. Und das möglichst schnell und möglichst einfach. Er ist ständig darauf bedacht, Profite zu machen. Jeder Händler, dem er ein paar Prozente abringen kann, ist für ihn ein Anlaß zur Freude. Sein Dasein rechtfertigt sich durch seinen Besitz, und menschliche Größe kann er anhand des Kontostandes ermessen. Er glaubt fest daran, daß es Möglichkeiten gibt, sein Geld ganz schnell zu mehren. Es kommt nur darauf an, die richtigen Leute und die richtigen Tricks zu kennen. Auf der Gewinnerseite zu stehen, das ist sein Ziel. Dieses Motiv treibt ihn voran. Weder das Lottonormalverbrauchertum noch der schnelle und steuerfreie Gewinn der Spielbanken können ihn reizen, denn allein auf das Glück zu hoffen, erscheint ihm aussichtslos und fade. Sein Weltbild ist ein dualistisches: Es gibt die Dummen, die nichts wagen und deshalb arm sind, und es gibt die Klugen. Sie haben Geld, denn sie wittern jede Chance auf ein gutes Geschäft. Sie kennen alle Tricks. Kein Risiko ist ihnen zu hoch und kein Weg zu düster. Je abwegiger und skurriler die Argumentation des Börsenhaies, um so eher wird der Gierige darauf hereinfallen: Insiderinformationen, Aktien, die unterhalb des Marktpreises gehandelt werden, Bankgarantien, Mafia- und Drogengeldwäsche oder Geschäfte mit geheimnisvollen nigerianischen Prinzen und Geschäftsleuten. Letztendlich ist ihm völlig egal, wohin seine Gelder fließen. Die Hauptsache ist, das Geschäft ist vielversprechend. Mit der Aussicht auf 50% Rendite verliert er seine Kritikfähigkeit und sämtliche seiner Skrupel. Seine Gedankenwelt macht ihn zum eigentlichen Täter. Deshalb schenkt er unbewußt blindes Vertrauen, denn er ist fest überzeugt, daß er es ist, der alle Fäden in der Hand hat. Meist ein fataler Trugschluß, der mit herben finanziellen Enttäuschungen einhergeht.

Der Suchende

Frustriert bis depressiv ist seine Gemütslage, wenn er an seine Vermögensverwaltung denkt. Bisher hat er nicht viel Glück damit gehabt. Zwar steht alles auf soliden Füßen, doch fehlt der spekulative Aspekt. Er sucht Alternativen zu den herkömmlichen Anlagemöglichkeiten. In Hinblick auf die ihm wichtigen Sicherheitsfaktoren wird er diese wohl nur selten gänzlich aufgeben. Vom Bankenservice enttäuscht, ist er bereit, auch andere Wege zu erproben. Vorsicht wird dabei seine oberste Devise sein. Er wird Testgeschäfte in kleinerem, überschaubarem Umfang favorisieren und wird bei Erfolg langfristig bereit sein, auch größere Summen anzulegen. Hier und da hat er auf Empfehlung mal Aktien, mal Optionsscheine gekauft, doch unter dem Strich sind diese Geschäfte plus minus null aufgegangen. Jedem Anrufer aus der Pseudo-Broker-Szene, der ihm vom großen Geld an den internationalen Börsenplätzen vorschwärmt, wird er deutlich zu verstehen geben, daß er von derartigen Geschäften nichts hält, denn große Gewinnmöglichkeiten bergen seines Erachtens auch große Gefahren. Der Anrufer wird sich sehr schnell auf diese Argumentation einstimmen und den Fisch an der Angel mit einer sicheren Alternative zum Festgeld, begrenztem Risiko, Stop loss orders, intelligenten Anlagestrategien und professioneller Depotverwaltung zu ködern versuchen. Das wird den Suchenden neugierig und schließlich geneigt machen, den ersten Schritt zu tun. Der Börsenhai weiß, daß er seine Argumente vor dem Sicherheitsaspekt aufbauen muß und es wird nicht lange dauern, bis er eine neue Einnahmequelle erschlossen hat.

Der Labile

Er ist der typische Jasager. Seine berufliche Funktion ist meist eine untergeordnete, was seinen charakterlichen Anlagen sehr zupasse kommt, denn Entscheidungen ab einer bestimmten Tragweite geht er am liebsten aus dem Weg. Auch in höheren Karrierebereichen wird dieser Typ nur wenig Aktionspotential aufbieten und in der Passivität verharren. Seinen beruflichen Status wahrt er entweder mit einem aggressiven Verhalten gegenüber seiner Umwelt, oder er verschanzt sich hinter einer lächelnden Fassade und ist der berühmte Sunnyboy. Sein bisheriges Leben ist relativ geradlinig verlaufen und die Zukunft ist für ihn auf eine Mindestsicht von fünf Jahren bestimmbar. Als Meister der Verdrängung weicht er Problemen gezielt aus. Die größten Entscheidungen, die er jemals getroffen hat, waren Berufswahl, Partnerwahl und der Name seines Kindes. Er ist konfliktscheu und harmoniesüchtig. Vielleicht steckt er gerade mitten in einer beruflichen oder privaten Krise. Der Anruf dieses Börsenexperten schmeichelt ihm, denn er vermittelt ihm Wichtigkeit. Endlich ist da jemand, der sich um ihn bemüht und ihm Wertschätzung zukommen läßt. Der Börsenhai seinerseits wird bald merken, nach welchen psychologischen Funktionsprinzipien sich sein neuer Interessent verhält. Das Bedürfnis nach Anerkennung, Aufmerksamkeit und Wertschätzung der individuellen Persönlichkeit wird er gekonnt bedienen. Dadurch entsteht für den Labilen eine emotionale Bindung zum Telefonverkäufer. Beinahe freut er sich über jeden Anruf und plaudert gern mit der sympathischen Stimme, hinter der seines Erachtens soviel Klugheit steht. Wenn es dann plötzlich um den Abschluß geht, wagt er nicht, nein zu sagen. Er fühlt sich gefühlsmäßig in die Pflicht genommen und wird eine Summe X plazieren. Letztendlich ist er aber erleichtert, weil er nun die Entscheidung, was er am besten mit seinen Ersparnissen anfängt, nicht mehr zu treffen hat.

Der Spieler

Nach Ansicht der Psychologen zeichnen sich Spieler und Spekulanten durch ähnliche Verhaltensweisen und Charaktereigenschaften aus. Beide Gruppen verfügen über eine sehr hohe Risikobereitschaft, die aus dem naiven Glauben, daß es einmal schon klappen wird, resultiert. Sie agieren meist spontan und impulsiv, vorrangig dann, wenn sie wieder einmal das ganz große Glück in ihrer Nähe ahnen und glauben, endlich an der Reihe zu sein. Unentwegt und ohne zu verzweifeln warten sie darauf, vom Schicksal mit Aufmerksamkeit (der finanziellen Art) bedacht zu werden. Sollte die Spekulation zu ihren Ungunsten ausfallen, werden sie unverdrossen weitermachen und auf die nächste Chance warten. Je länger die Verlustphase anhält, um so höher werden die Einsätze. Dabei sind Hintergrundinformationen über das Spekulationsobjekt sekundär bis belanglos. Die Hemmschwelle vor immer größer werdenden Einsätzen wird nach und nach geringer und kulminiert in der Bereitschaft, selbst die letzte Mark aufs Spiel zu setzen.

Otto D. aus Weihenstephan bei München, zweiter Geschäftsführer in einem Molkereibetrieb, hat diese Erfahrung am eigenen Leibe bzw. im eigenen Portemonnaie zu spüren bekommen. Eingeheizt durch einen Warenterminloader, hat er sein gesamtes Kapital von stolzen 450 000 Mark innerhalb eines dreiviertel Jahres regelrecht verzockt. Eigentlich war das Geld als zusätzliche Alterssicherung für ihn und seine Frau gedacht, doch Otto D. war ganz sicher, daß das Glück ihm hold sein würde. Bis auf den letzten Pfennig verspielte er seine gesamte Habe. Nachdem er sogar in die Firmenkasse gelangt hatte, hat man ihn fristlos entlassen. Nur die Tatsache, daß er mehr als 25 Jahre in der Firma beschäftigt war und sich nie etwas hat zuschulden kommen lassen, hat ihn vor einem Verfahren wegen Unterschlagung bewahrt. Seinen Platz jedoch mußte Otto D. räumen. Sein sozialer Abstieg war besiegelt. Freunde und ehemalige Kollegen gingen auf Distanz und seine Frau reichte die Scheidung ein. Mittlerweile ist er Sachbearbeiter in einer Schuhwarenfabrik. Die Hoffnung auf das große Glück hegt er allerdings immer noch, wenngleich er von Warenterminspekulationen nichts mehr hält. Spiellust und Einsamkeit führen ihn jetzt immer häufiger in Spielhallen und auf Pferderennplätze.

Der Spieler, der permanent verliert, glaubt, daß der Umschwung in die Gewinnphase direkt bevorsteht. Die allgemeine Abstraktion des finanziellen Wertesystems ist der gesamten Situation zusätzlich dienlich: Der Spieler schreibt einen Scheck aus oder tätigt eine Überweisung und verliert so immer mehr den Bezug zum wahren Wert des Geldes. Anders als der Spieler am Roulettisch genießt der Börsenspekulant die Zeit des Wartens und der immerwährenden Hoffnung, daß der Kurs sich doch noch ändern möge. Es bereitet ihm fast eine masochistische Lust, Tage, Wochen, Monate auf das Ergebnis seiner Spekulation zu warten. Jeder neue Trade entfacht die Gier aufs Neue. Der Nervenkitzel zwischen Angst und Hoffnung stimuliert seine Gefühlswelt, die bald keine anderen Impulse mehr zulassen wird.

Spekulanten fühlen sich als etwas Besonderes. Sie drehen mit am internationalen Wirtschafts- und Börsenrad und heben sich von der gemeinen Masse ab.

In den USA hat mittlerweile jeder zehnte mindestens einmal bei einer der landesweit organisierten Selbsthilfegruppen *Gamblers Anonymous* (Die anonymen Spieler) um Rat nachgesucht. Eine Vielzahl davon sind Geschädigte des Börsengeschäftes. Sie haben mit den sogenannten Highclass-Spekulationen begonnen und enden aus finanziellen Gründen vor dem einarmigen Banditen, der Slot machine.

Wie wird verkauft?

Werbestrategien

Mit wohlklingenden und gewinnverheißenden Zeitungsanzeigen werden heute wie vor zehn Jahren Kunden neugierig gemacht und angelockt. In den achtziger Jahren, der Hochkonjunktur der Penny stocks, konnte die Abzockerfirma Blinder International Enterprises GmbH mit Inseraten und beigefügten Antwortkarten in den großen deutschen Tageszeitungen (»Bitte informieren Sie mich über Neuemissionen des amerikanischen Wertpapiermarktes.«) noch den ganz großen Deal machen. Eine aufsehenerregende und nicht minder umstrittene Werbekampagne wurde 1994 von Wellshire Securities durchgeführt: Der Privatfernsehsender ntv strahlte in den Werbeblöcken um Nachrichten und Börsensendungen einen Werbespot der berüchtigten Firma aus. Und auch der Düsseldorfer Radiosender Welle Düsseldorf scheut sich nicht, von Finanzhaien sein Dasein über Werbespots finanzieren zu lassen. An den Anblick der Straßenbahnwerbung einer zwielichtigen Vermittlungsfirma haben sich die Düsseldorfer wohl schon gewöhnt. Solche großangelegten Werbekampagnen sind ein zusätzlicher Beweis dafür, wie sicher sich die Börsenzocker auf dem Boden der deutschen Gesetzgebung fühlen.

Der typische Anlagehai investiert so wenig wie möglich in das eigene Unternehmen. Investitionen erachtet er nur dann für sinnvoll, wenn sie schnellen Gewinn verheißen oder die Geschäftspraktiken vor der Justiz verschleiern.

Vermittlungshaie, die ihre Geschäfte ausschließlich über das Telefon abwickeln und Kundenbesuche kategorisch ablehnen, hausen in notdürftigen Räumlichkeiten mit karger Büroausstattung im Hinterzimmerstil. Es gibt dort ausgediente Schreibtische, abgewetzte Bürostühle, doch für jeden Mitarbeiter mindestens ein Telefon. Wichtig hingegen ist eine repräsentative Anschrift. Daß man selbst auf Deutschlands Prachtstraßen nur einen Briefkasten betreiben kann und, wie das Beispiel des Berliner Ku'damms zeigt, am auslaufenden, unbekannteren Ende der Touristenmeile weniger imposante Gebäude zu günstigen Preisen anmieten kann, kommt den geblendeten Anlegern nicht in den Sinn. Dagegen zeichnen sich die Häuser, die Kundenbesuche als Teil ihrer Verkaufsstrategie einsetzen, durch ein effekthascherisches Ambiente aus. Sie residieren in den Nobelmeilen bundesdeutscher Großstädte mit allem dazugehörenden Business-Pomp: pförtnerbewachte Marmoraufgänge, exklusivste Büroausstattung namhafter Designer und lichtdurchflutete, kunstgeschmückte Räume, in denen gut gekleidete Herren zwischen Bildschirm und Telefon bedeutungsvoll agieren. Solche und vergleichbare Aufmachungen sind dem Kunden nicht selten Beweis genug für die Seriosität, und Schecks werden vor Ort blanko ausgestellt. Für Großkunden werden ausgesprochene Vorstellungen inszeniert, in welchen sämtliche Börsenklischees bedient werden. Der Tag, an dem Verona K. aus Dresden die Räume ihres Münchner Möchtegern-Brokers betrat, ist ihr bis heute unvergessen geblieben. Im noblen Ambiente einer Münchner Topadresse erlebte sie Börse live – jedenfalls das, was sie dafür hielt. Ihr Berater führte sie in einen Raum, den er *das Trading* nannte. Etwa zehn junge Männer in feinster Kleidung agierten und telefonierten dort in angespannter Hektik, als läge es an ihnen, die Finanzwelt in Gang zu halten. Aktiennamen, Beträge, selten unter einer Million, und für Frau K. unbekannte Fachbegriffe wurden wechselweise in Telefonhörer und durch den Raum gebrüllt. Ordertickets wirbelten durch die Luft und atemlos verfolgten alle die Bildschirme mit den aktuellen Börsenkursen. An diesem Tag investierte Frau K. 60000 Mark in eine windige OTC-Aktie. Als sie nach vier Wochen Näheres über den Kurs der Aktie wissen wollte, war der Wert vom Handel ausgesetzt. Die Firma, hinter der sich kaum mehr als die Idee ihres Gründers verbarg, hatte angeblich Schwierigkeiten mit ihrem Vorstand. Dieser Zustand hält laut Aussage der Vermittlungsfirma bis dato an. Doch, so teilte man Frau K. mit, bestünden beste Aussichten für das Unternehmen, sich bald neu formieren zu können.

Unternehmerisches Ziel der Anlagehaie ist die schnelle Mark, nicht solide Beständigkeit. Dubiose Anlagefirmen sind meist kurzlebig. Sobald genügend Geld eingesammelt ist oder der Staatsanwalt vor der Tür steht, verschwinden sie von der Bildfläche. Jedoch nicht immer auf Nimmerwiedersehen. In Windeseile werden mit alter Besatzung neue Firmen unter neuen, verheißungsvollen Namen eröffnet. Es gibt unseriöse Häuser, die sich fünf und mehr Jahre haben halten können, doch sie sind die Ausnahme. Zu den bekannteren Beispielen zählen bisher die Firmen EFB, Ambros, Kapital & Wert, Treuwo, Mega Petrol, Royco. Ein kurzes Dasein dagegen fristeten Rendita, First Commerce Securities u.v.m.

Der Löwenanteil der Werbeetats fließt in die Zusammenstellung und Aufmachung der Broschüren. Wer seine Prospektaussagen wasserdicht absichern will, überläßt den Prospekt zur Prüfung einem Fachmann wie z.B. Heinz Gerlach, der diese Aufgaben sogar für Firmen, gegen die er sonst Front gemacht hatte, gegen Bezahlung übernommen hat. Die besten Werbefachleute polieren und gestalten das Ganze, so daß der Leser beeindruckt ist und den Duft der Börsenwelt nahezu einatmen kann. Allerdings haben in den meisten Fällen schwammige Allgemeinplätze Vorrang vor eindeutigen Erläuterungen:

»Unsere Erfahrung und Tradition bei der Verwaltung kleiner und großer Vermögen erleichtert die Verwaltung auch Ihres Geldes ganz wesentlich.«

»Partizipieren auch Sie an den Gewinnchancen internationaler Kapitalmärkte. Wir bieten eine intensive Marktbeobachtung durch unsere professionellen Experten und eine kostengünstige, kompetitive Gebührenordnung.«

Börsenbriefe und Spekulationstips

Ein beliebter und oft praktizierter Werbetrick ist die Herausgabe von regelmäßig erscheinenden Börsenbriefen mit darin enthaltenen Aktientips. Diese Blättchen gehen allen Kunden und Interessenten des Hauses kostenlos zu und sollen den Schein der Seriosität festigen. Die Tips entsprechen meist dem Informationsstand und den Empfehlungen deutschsprachiger Fachzeitschriften und börsenorientierter Fernsehberichte. Es werden in der Regel bekannte und durchaus seriöse Anlagen empfohlen. In regelmäßigen Abständen streut man die provisionsträchtigen Anlageformen in die Menge der bekannten Werte mit ein und deklariert sie als sichere Hoffnungswerte. Durch diesen Rahmen werden die unbedeutenden, aber provisionsbringenden No-names aufgewertet und der Kunde hat den Eindruck, es handle sich um eine etablierte Gesellschaft.

Michael A. Eberlein, Geschäftsführer des umstrittenen Londoner Aktien- und Terminhändlers Philip Alexander Securities and Futures Ltd., ist noch einen Schritt weiter gegangen. Allein die Herausgabe hausinterner Aktientips schien ihm nicht mehr werbewirksam und lukrativ genug. Gemeinsam mit einem ehemaligen Redakteur der Zeitschrift *lui* rief Eberlein ein neues Finanzmagazin in die Welt: *moneymaker*. Das Magazin huldigte in erster Linie seiner Person und seinen Geschäftsgebaren. Eine gute Idee, die zudem noch Kunden und Geld bringen kann, findet in der Branche sofort Nachahmer. So konnte die Zeitschrift *Wirtschaftswoche* höchst dubiose Verquickungen zwischen den Anlagezeitschriften *Broker, Mein Geld* und *Spitze* mit dem Grauen Kapitalmarkt aufdecken. Peter Max Freiherr von Lepel, ein in Sachen Geld umtriebiger Aristokrat, nutzte z.B. das Forum der Zeitschrift *Spitze,* um dort gegen festverzinsliche Anlagen ins Feld zu ziehen und gleichzeitig für seine ideenreichen Abzockergeschäfte die Werbetrommel zu rühren. Jede der Finanzpostillen soll den Anschein der sauberen Berichterstattung auf der Basis der Verbraucherinformation und des Verbraucherschutzes erwecken, ist aber nichts anderes als ein aufpoliertes, werbewirksames Sprachrohr der Abzocker.

Prominente als Werbeträger

Die effektivste Werbestrategie für den Anlagebetrüger sind Referenzen. Da es wahrhaftige Referenzen langfristig in dieser Branche niemals geben kann, werden Referenzen in den meisten Fällen entweder gekauft oder frei erfunden. Die Börsenhaie schmücken sich am liebsten mit den Namen von Personen und Institutionen, die Rang und Namen haben und einer breiten Masse bekannt sind. Banken z.B., bei denen lediglich Geschäftskonten bestehen, werden ohne deren Wissen in Werbebroschüren als Geschäftspartner bezeichnet. Andere Häuser berufen sich fälschlicherweise auf ihre Mitgliedschaft in der *Deutschen Schutzvereinigung für Wertpapierbesitz* und/oder der *SEC*, der amerikanischen Börsenaufsichtsbehörde, obwohl sie die Existenz dieser Instanzen eher zu fürchten hätten.

Der Strukturvertrieb European Kings Club (EKC) benannte sogar kühn Michael Gorbatschow als eines seiner Ehrenmitglieder, ohne daß dieser überhaupt von der Existenz einer solchen Firma wußte. Wie der ehemalige Wirtschaftsminister Kurt Schmücker dazu kam, von der Investmentgesellschaft Agri als Aushängeschild für den Kundenfang benutzt zu werden, darüber kann an dieser Stelle nur spekuliert werden. Selbst Helmut Graf Lambsdorff, Onkel des Ex-Wirtschaftsministers, ließ sich für eine Weile als Werbefigur der Finanzritter mißbrauchen und betätigte sich im Aufsichtsrat einer Hensley-Firma. Referenzkunden aus dem erlauchten Kreise der kleinen und großen Prominenz sind begehrte Werbeträger. Gezielt werden Kontakte geknüpft und ausgebaut, bis der Promi endlich ins Netz geht. Sollte dies wider Erwarten nicht gelingen, weiß Gerd S., leitender Mitarbeiter eines Stuttgarter Anlagehaies, Rat. Er ködert seine Interessenten immer wieder mit Bemerkungen wie:

»Ich habe erst vorhin mit Warendorf telefoniert, Alwin war so überzeugt von unserem Angebot, daß er gleich für 140000 Mark eingestiegen ist.«

Oder:

»Vor zwei Stunden hat mich Rudi zwischen zwei Fernsehterminen aus einem Kölner Aufnahmestudio angerufen und seine Einlage verdoppelt.«

Für andere ist die Realität nicht weit von solchen Behauptungen entfernt. Altbarden wie Costa Cordalis oder Bernie Paul wurden um stattliche Summen geprellt – letzterer gleich um eine halbe Million D-Mark durch die WWS Gesellschaft aus München, wo auch Rosemarie Springer, Schwiegertochter von Axel Springer, ihr Kapital durch Terminspekulation mehren wollte. Stefan Edberg spekulierte mit seinen Preisgeldern über einen Vermittler seines Vertrauens an der Börse. Es dauerte nicht lange, und der Schwindel-Broker meldete Konkurs an. Selbst öffentliche Würdenträger, deren Amt und Status eigentlich auf Kritikfähigkeit und Geschäftssinn schließen lassen müßten, zählen zu den Opfern. Die größten Coups landete – wie sollte es auch anders sein – der König der Abzocker, Heinz Hensley-Piroth. Dem Neffen des Altbundespräsidenten, Prof. Carl Christian von Weizsäcker, verkaufte er überteuerte Anteile einer Schweizer Holdinggesellschaft. Rund 60% der investierten Summe wanderten als Provision auf Hensleys Konten. 1987 erhob von Weizsäcker Anklage gegen den Börsenhai wegen Anlagebetrugs.

Für eine Vertriebsgesellschaft von Herzdiagnostika gelang es Hensley, über Prinz Palid el Houri den Herzchirurgen Prof. Christiaan Barnard zu gewinnen, und seine Fußballerfonds waren dank Manfred Ommer, dem Ex-Präsidenten des FC Homburg, ein Volltreffer.

Auch der Düsseldorfer Anlagebetrüger Lutz Winkler verzierte seinen üppigen Lebensstil gern mit wohlklingenden Namen. Der Chef der Düsseldorfer Stadtsparkasse versorgte ihn bei finanziellen Eskapaden und Engpässen großzügig mit Krediten, und auf den Parties des Betrügers tummelten sich die Stars und Sternchen der Nation. Elke Kast, Michael Schanze, Karl-Heinz Rummenigge, Paul Breitner, der bereits mit 50000 Mark bei der Münchner EFB eingestiegen war, u.a. gingen so dem ehemaligen Anstreicher auf den Leim und machten gleichzeitig in ihren eigenen Kreisen für Winkler Werbung. 100 Millionen DM sollen auf diese Weise mindestens zusammengekommen sein.

Daß Lokalprominenz nicht weniger Anziehungskraft und Einfluß ausübt, hat in den 80er Jahren die Düsseldorfer UES Gesellschaft für Anlagebetreuung mbH des Roland Soyka mit fatalen

Folgen für die Anleger unter Beweis gestellt. Geschickt und langfristig geplant, hielten die Abzocker Einzug in kleinste, verschlafene Provinzdörfchen. Mit tatkräftiger Unterstützung lokaler Würden- und Vertrauensträger schürten sie die Gier nach dem ganz großen Geld. Beamte, Bankangestellte und Vereinsvorsitzende ließen sich im Sinne der Geldsammler benutzen und liefen teilweise sogar zu ihnen über, um fortan Termingeschäfte zu vermitteln. Komplette Orte, ja sogar Landstriche wurden so bundesweit abkassiert. Stammtische, Vereine und Familientreffen hatten nur noch ein Thema: Kasse machen – und zwar im großen Stil. Mit einer Mindesteinlage von 25000 Mark konnte jeder zu den Glücklichen zählen. Familien, Firmenbelegschaften und Vereine mutierten zu regelrechten Zockerbanden. Jeder beriet jeden und kassierte dafür Provisionen von der UES. 1988 bereitete die Staatsanwaltschaft Düsseldorf dem Treiben ein jähes Ende. Bislang nichtssagende Ortsnamen wie Karlstadt, Lohr am Main, Frammersbach oder Monzelfeld gelangten durch die anschließende Berichterstattung der Medien zu unrühmlicher Bekanntheit. Der Schaden ging in die 100 Millionen. Ein Beweis für einen genialen Werbefeldzug. Noch heute wird diese Strategie erfolgreich kopiert.

Gezielt und geplant ging auch die WAG aus Würzburg vor. Gerd Schildbach und Franz Klaffenböck, die Firmengründer, verschafften sich Zugang zu Polizistenkreisen und machten die Grünbetuchten zu ihren Freunden und Helfern in Sachen Abzokken. Von solchen Vertrauenspersonen beraten, verlor auch der letzte Kleinsparer seine Vorbehalte und plünderte den Sparstrumpf für eine Geldanlage bei der WAG. So kamen für diese mehr als 100 Millionen Mark zusammen.

Verkaufstechniken

Gemäß dem Abzockermotto »Es steht jeden Tag ein Dummer auf, du mußt ihn nur finden« machen Heerscharen von selbsternannten Brokern das Telefon zur Waffe und gehen damit auf Kundenjagd.

In der Abzockerbranche ist der vielzitierte Spruch »Wissen ist Macht« unbekannt. Für einen Telefonverkäufer gilt eher das Gegenteil. Die Verantwortlichen wachen darüber, daß ihre Mitarbeiter nicht zuviel Kenntnis vom Funktionieren der Branche nehmen, denn je mehr ein Vermittlungshai bestrebt ist, in kurzer Zeit viel Geld zu verdienen, desto mehr unseriöse und kriminelle Machenschaften gehören dazu, und diese müssen nicht unbedingt zur Schau gestellt werden. So sucht man mit allen Mitteln zu verhindern, daß die Mitarbeiter gewisse Zusammenhänge durchschauen. Fachwissen, so weiß die Branche, ist nicht zwangsläufig dem Verkauf dienlich, denn über die Darstellung des eigenen Wissens hinaus vergißt der Verkäufer allzu schnell den Einsatz verkaufsträchtiger Argumente, die auf die Bedürfnisse des Kunden zugeschnitten sind und zum Abschluß führen. Zwar hat es immer den Anschein, als handle es sich bei den Telefonbrokern um versierte Fachleute, doch der Schein trügt. Nicht selten befindet sich am anderen Ende der Telefonleitung ein gescheiterter Konditorlehrling oder ein mehrfach vorbestrafter Betrüger, der vom Wertpapiergeschäft nur weiß, daß es ihn persönlich schnellstmöglich bereichern kann.

Die Telefonmänner sind perfekte Verkäufer, die ihr Verkaufshandwerk souverän beherrschen. Aussagen, die zu den Produkten, ihren Marktchancen und der allgemeinen Marktsituation gemacht werden, sind standardisiert, den Meinungstendenzen der Medien angepaßt und nicht selten auswendig gelernt.

Hochdruckverkauf

In den späten 50er Jahren ist diese Verkaufsmethode aus Amerika mit der üblichen Zeitverzögerung, wenn es um Trends geht, zu uns herübergeschwappt. Umsatzbesessene Haus-zu-Haus-Verkäufer waren es wohl, die bemerkt hatten, daß die Abschlußquote sich erheblich steigert, setzt man den Kunden argumentativ unter Druck und treibt ihn in die Enge. Der Kaufabschluß kommt dann einer Erlösung gleich: Der Kaufvertrag als Deus ex machina, der den Kunden auf die einzig mögliche Weise vom plappernden Verkäufer befreit. Der Kunde ist erleichtert, den aufdringlichen Verkäufer doch noch losgeworden zu sein. Eigentlich ist diese Art des Verkaufens schon seit vielen Jahren totgesagt. Kunde und Verkäufer stehen sich im Verkaufsgespräch von heute als gleichwertige Partner gegenüber. Kundenorientiertes Verkaufsverhalten, Bedürfnisanalyse, Personality-Verkauf das sind die Schlagworte, die von den Verkaufstrainern der 90er Jahre propagiert werden. Die Erfolgsformel der Telefonhaie steht dazu in krassem Gegensatz. Daß der Kunde König ist, darüber wird in der Szene bestenfalls geschmunzelt. Es beginnt bereits damit, daß ein Berater seinen potentiellen Kunden mit Anrufen buchstäblich bombardiert. Sobald der Angerufene auch nur im entferntesten Interesse bekundet, wird nicht mehr von ihm gelassen. Die Interessenten werden mehrfach am Tag mit bis zu vier oder fünf Anrufen beglückt, und immer wieder erfahren sie von der einzigartigen Marktsituation. Nicht ohne Grund betiteln sich die Möchtegern-Broker selbst als Anlügeberater, Klopper oder Telefonterroristen und ihre Firmen als Terrorhöhlen, Klopper-, Power- oder Ballerbuden. Üblicherweise erreicht der Anruf den Auserkorenen in der Firma, während seiner Arbeitszeit. Die unterschiedlichen Varianten, wie man das Vermittlungspersonal überwindet, hat der Telefonverkäufer bereits während seiner Akquisitionszeit in der Broschürenabteilung gelernt. Mit einer gehörigen Portion Arroganz wird die Sekretärin unter Druck gesetzt und man befiehlt ihr, den Anrufer auf der Stelle mit ihrem Chef zu verbinden.

»Wie war doch gleich Ihr Name? Das wird ein übles Nachspiel für Sie haben, Frau... Das können Sie nicht verantworten. Am besten, Sie sehen sich sofort nach einer neuen Stelle um. Und jetzt stellen Sie mich gefälligst durch!«

Solche und ähnliche Drohungen werden in den Hörer gebrüllt, zeigt sich das Vermittlungspersonal nicht gefügig. Sie verfolgen den Zweck, die Sekretärin zu verunsichern, und verleiten dazu, den Anrufer durchzustellen, ohne daß dieser den tatsächlichen Grund seines Anrufes nennen mußte. Je nach Bildungsgrad bzw. Tagesform des Anrufers kann es vorkommen, daß die Einschüchterungsversuche mit mehr oder weniger üblen Schimpfworten gespickt werden. Es vergeht kaum ein Tag, an dem die Zielpersonen nicht mit Anrufen belästigt werden. Eine mittelständische Firma etwa zählt täglich durchschnittlich 10 bis 20 Anrufe aus unterschiedlichen Firmen der Börsenszene. Es bedarf einer im Umgang mit dem Telefon gut geschulten Sekretärin mit einem intakten Nervenkostüm, um tagein, tagaus die Anrufe der Pseudo-Broker als solche zu entlarven und den Anruf abzuwehren. Von besonderem Wert für den Börsenhai sind die privaten Telefonnummern des Kunden bzw. Interessenten. Geschickt werden sie dem Vermittlungspersonal oder dem Kunden selbst entlockt. Anrufe in Hotels während des Urlaubs oder einer Geschäftsreise sind ebenso üblich wie im trauten Heim zur abendlichen Stunde oder an Feiertagen. Letztendlich wird dadurch die Wichtigkeit des Geschäfts betont. Dem Telefonhai ist nichts heilig. Für ihn ist es eine Art Sport, den Kunden bis in private Nischen zu jagen und mit Anrufen zu traktieren. Vom angestammten Büroschreibtisch, per Handy von unterwegs oder aus einem Lokal werden die Anrufe vorgenommen. Es kann vorkommen, daß gleich eine ganze Schar von Möchtegern-Brokern bei solchen Aktionen spannungsgeladen lauscht. Derjenige, der sich über den Anruf beschwert, bekommt etwas von der einzigartigen Situation zu hören, die einzigartige Maßnahmen erfordert, oder es wird der Vergleich mit dem Banker angetreten, der sicherlich noch nie wegen einer günstigen Marktsituation angerufen hat. Auf jeden Fall wird dem Angerufenen drastisch klargemacht, wieviel Geld er mittlerweile durch seine zögerliche Haltung verschenkt hat. Wer auch davon nichts hören will und den Anruf unfreundlich beendet, dessen Karteikarte wird zur TOL-Karte (Total ohne Lust) umgeschrieben und dient von nun an der Allgemeinheit der Jungbetrüger als Trainingsadresse.

Der erfolgreiche Telefonzocker weiß mit dem Medium Telefon perfekt umzugehen. Er weiß, daß seine Wirkung allein von seiner Stimme und seiner Wortwahl abhängig ist. Auf diesen zwei Ebenen transportiert er das Klischee, das jeder Durchschnittsanleger von einem Broker hat: kompetent, gerissen, geradlinig und reaktionsschnell. Die Stimme ist möglichst klar, laut und getragen. Erzielt wird diese Wirkung dadurch, daß der Verkäufer während seiner Telefonate steht und sich zusätzlich möglichst frei bewegen kann.

»Wen glauben Sie eigentlich vor sich zu haben? Jetzt ist Schluß mit den Kinderspielen. Schreiben Sie endlich auf, was ich brauche.«

Derbe Äußerungen dieser Art kommen auch dem vielleicht noch etwas schüchternen Abzocker-AZUBI über die Lippen, wenn er dabei steht, einen Fuß an der Schreibtischkante abgestellt hat und die freie Hand lässig in der Hosentasche hält.

Heribert K. schildert während einer Gerichtsverhandlung um sein verlorenes Geld die Anrufe seines selbsternannten Wertpapierberaters:

»In der ersten Zeit war Herr D. sehr freundlich, und wir haben uns gut unterhalten. Aber irgendwie konnte ich mich nicht dazu entschließen, ihm mein Geld anzuvertrauen. Als ich ihm meine Bedenken mitteilte, brüllte er los und beleidigte mich in einem Ausmaß, wie ich es selten vorher erlebt habe. Ich fühlte mich fast bedroht, obwohl ich doch nur einen Telefonhörer in der Hand hielt. Fast kam es mir vor, als stünde ein riesiger Übervater hinter meinem Stuhl und würde mich strafen, wäre ich nicht sofort folgsam. Tja, und dann habe ich zugesagt, und das war ein riesengroßer Fehler. Doch das wußte ich erst viel später.«

Zu seiner Verkaufstechnik befragt, meint ein Börsenhai aus der Hamburger Szene:

»Alle meine Kunden haben zwei Möglichkeiten, entweder sie kaufen bei mir, oder sie versenken ihr Telefon in der Badewanne. Wenn einer sich ziert und zimperlich anstellt, dann knalle ich den Telefonhörer auf den Tisch und frage ihn dann, ob er endlich wach geworden sei.«

Die Gespräche verlaufen immer nach dem gleichen Muster. Viele Verkäufer benutzten Spickzettel als Argumentationshilfen. So umgehen sie die Gefahr, vom Thema abzuschweifen.

Gesprächsatmosphäre und Argumentationsschlingen

Eine Motivanalyse bei Opfern von Kapitalanlagebetrug zeigt deutlich, daß die Telefontrickser es meisterhaft verstehen, den Wünschen und Bedürfnissen ganzer Bevölkerungsschichten zu entsprechen. Die wesentlichen Voraussetzungen für ein erfolgreiches Gespräch sind eine ausgefeilte Rhetorik und eine positive

Gesprächsatmosphäre. Diese wird unterstützt von der (anfänglich) freundlichen Mimik des Anrufers. Der Gesichtsausdruck, das weiß jeder Telefonprofi, wird in der Stimme hörbar.

Der Börsenhai vermeidet es, Aussagen zu treffen, die der Meinung des Kunden widersprechen könnten. So bilden Fragetechniken einen elementaren Bestandteil des telefonischen Abzockerverkaufs. Gerade in Abzockerkreisen weiß man: »Wer fragt, der führt«. Fragen jedoch, die in der Gesprächseinleitung den Kunden auf eine Meinung festlegen könnten, werden vermieden. Zu Gesprächsbeginn werden tunlichst Gemeinsamkeiten thematisiert. Sie erzeugen eine gute Atmosphäre und stimmen den Kunden gesprächswillig.

Beispiel:

»Als Geschäftsleute wollen wir auch weiterhin erfolgreich bleiben, oder?«

oder:

»Herr ..., Sie haben bestimmt genauso wenig Zeit wie ich? Wir sind hart arbeitende Geschäftsleute, oder?«

Die ersten Fragen des Anrufers verfolgen die Absicht, das Opfer in ein Gespräch verwickeln und Interesse und Aufmerksamkeit zu erzeugen. Der Börsenhai fragt im nächsten Schritt vordringlich nach Entscheidungskriterien, Handlungsalternativen und Zielen des Angerufenen.

Beispiel:

»Möchten Sie nicht auch Ihr Geld leichter verdienen?«

»Nach welchen Kriterien entscheiden Sie, mit welchem Haus Sie zusammenarbeiten wollen?«

»Wenn ich Ihnen absolute Seriosität und Sicherheit garantieren könnte, wären Sie dann mein Kunde?«

Der Konjunktiv (s.o.) ist die verbale Abzockerschlinge par excellence. Mit diesem rhetorischen Mittel stellt der Abzocker fest, wieweit der Angerufene gedanklich noch von einem Engagement entfernt ist. Sind die Verbalschlingen erst einmal ausgelegt, dauert es nicht lange, bis sie sich argumentativ zuziehen und das

Opfer in der Falle sitzt. Raffinierte Hypothesenbaupläne verleiten den Angerufenen zu permanenten Positivaussagen über die Möglichkeit einer Investition und münden schließlich in einem Verkaufsabschluß.

Beispiel:

Kunde: 14000 Mark, das ist zuviel Geld für mich. Soviel habe ich nicht.
Börsenhai: Wenn es so ein interessantes Angebot zu einem günstigeren Einstand gäbe, wären Sie dann interessiert?
Kunde: Ja
Börsenhai: Dann könnte ich also davon ausgehen, daß wir in solch einem Fall handelseinig werden könnten?
Kunde: Ja.
Börsenhai: Und darauf geben Sie mir Ihr Wort als Geschäftsmann?
Kunde: Ja.

Das Gedankenspiel setzt der Pseudo-Broker im nächsten Augenblick in die Tat um, denn es wird keinen tatsächlichen Aufwand darstellen, auch ein kleines Engagement zu akzeptieren. Dann wird der Kunde bei seinem Ehrenwort als Geschäftsmann genommen, und wer gibt schon gerne zu, daß dieses nichts gilt? Wer sich zu einem Ja hinreißen läßt, wird erst aus der argumentativen Sackgasse entlassen, wenn der Verkäufer die Unterschrift zum Kauf vorliegen hat.

Beispiel:

»Wann kann ich mit Ihrem Fax rechnen? Ich gebe jetzt sofort eine Vororder ein, so daß der Kontrakt (das Aktienpaket, etc.) zum besprochenen Preis für Sie reserviert ist.«

Kaum ein Kunde weiß, daß es diese berüchtigten Vorordern überhaupt nicht gibt. Sie sind lediglich ein Druckmittel des Telefonhaies gegenüber dem Kunden.

Das Jojo-Prinzip

Beschränkt sich das Geheimnis des telefonischen Abzockerverkaufs allein auf standardisierte und geschliffene Rhetorik? Kann man demzufolge den Kundenstamm eines Pseudo-Brokers als dumpfe, jeder Intelligenz entbehrende Masse bezeichnen? Sicherlich nicht, denn zum Erfolgsrezept der Betrüger gehört außerdem eine profunde Verkaufspsychologie. Erfolgreiche Verkäufer wissen es schon lange: Die Kaufentscheidung eines Kunden ist in erster Linie eine emotionale. Deshalb müssen Emotionen beim Kunden geschürt werden. Der wirklich gute, d.h. der trainierte und an sich arbeitende Verkäufer, und das gilt für alle Branchen, versteht es, Emotionen gezielt zu erzeugen, zu kontrollieren und in Richtung Abschluß zu kanalisieren. Wer die *Maslowsche Pyramide* oder andere einschlägige Kommunikationstheorien kennt, weiß, daß Anerkennung ein essentielles menschliches Bedürfnis ist. Nur über die Anerkennung der Person und ihrer Leistung findet man tatsächlichen Zugang zum Gegenüber, und die Zunft der Börsengauner verschafft sich auf diesem Weg Zugang zum Sparstrumpf des Angerufenen. Sie erreichen ihr Ziel, indem sie Interessenten und Kunden regelmäßig anrufen und mit neuesten Informationen vom Anlagemarkt versorgen und geizen dabei nicht mit gekonnter Lobhudelei. Die Angerufenen erkennen nicht die betrügerische Absicht, sondern werten die Anrufe als Serviceleistung, die sich positiv vom institutionellen Mitbewerb abhebt, und als Kompliment an ihre persönliche Bedeutsamkeit.

Versierte Verkäufer wechseln geschickt zwischen positiven und negativen Äußerungen und lassen den Kunden wie einen Jojo mal nach oben, ins emotionale Hoch, mal nach unten, ins emotionale Tief laufen.

»Was, Sie haben kein Geld? Was sind Sie denn für ein Geschäftsmann? Ich kann Ihnen eine Stellung als Trainee in meinem Büro anbieten, vielleicht kommen Sie ja dann zu etwas!«

Solche Bemerkungen alternieren mit positiven Schmeicheleien:

»Jetzt mal ernsthaft, Ich biete Ihnen ein solides Geschäft. Als guter Geschäftsmann, der Sie ja sind, sollten Sie hier mit 100000 Mark einsteigen.«

Oder:

»Sie sind in Ihrer Branche sehr bekannt. Da werden Sie auch etwas von Geld verstehen und wissen, daß man bei einem Geschäft, wie ich es Ihnen vorschlage, nicht zögern darf.«

Der Angerufene erlebt ein emotionales Wechselbad, das seine Aufmerksamkeit primär fordert. Die Überprüfung des Angebotes steht dahinter zurück. Viele Opfer haben den Eindruck, die gewählte Anlageform mit dem Anrufer hinreichend diskutiert zu haben. Sie sind beeindruckt von der Schlagfertigkeit und Dreistigkeit des Anrufers und schließen daraus, daß dies die erstklassigen Eigenschaften seien, um im Börsengeschäft Erfolg zu haben. Die Opfer hinterfragen in keinster Weise die Funktion und den Berufsstand des Anrufers, denn die telefonische Darstellung des Betrügers deckt sich mit ihrem Bild vom glorreichen Broker.

Rationale Argumente

Um die Gier im Kunden zu festigen, werden alle möglichen und unmöglichen Ereignisse aus Politik und Wirtschaft in das Gespräch eingeflochten und verkaufswirksam aufbereitet. Jedes Ereignis, das auch nur in entferntester Weise mit den internationalen Wertpapier- und Terminmärkten in Verbindung gebracht werden kann, ist dem Telefonzocker willkommenes Verkaufsargument – der Handelskrieg zwischen USA und Japan, die White Water Affäre des Bill Clinton, die Ermordung des mexikanischen Präsidentschaftskandidaten Colosio oder der Klatsch um den Chairman eines führenden Pharmaunternehmens der USA, der ein Techtelmechtel mit seinem illegal eingewanderten Hausmädchen hatte. Es gibt kaum eine Pressemitteilung, die ein Börsenhai nicht in Zusammenhang mit zukünftigen Kursbewegungen bringen kann. Negativnachrichten eignen sich zu diesem Zweck besonders gut, denn jeder Börseninteressierte kennt das alte Börsianergesetz: »Bei Kanonendonner kaufen, bei Harfenklängen verkaufen.« Die Telefonhaie stellen täglich ihre kriminelle Kreativität unter Beweis, wenn es darum geht, die Openingquote mittels tagespolitischem Kausalbezug anzuheben. Brand-, Erdbeben- und Flutkatastrophen lassen das Herz jedes Börsenzockers höher schlagen. Die Erdbebenkatastrophe von 1994 veranlaßte eine Hamburger Abzocker-Agentur, Penny stocks eines Herstellers von Baumaterialien feilzubieten, und Warenterminverkäufer machten

Geld mit der Mississippi-Überschwemmung von 1993. Sämtliche Ernten seien vernichtet, die Preise für Orangensaft und Weizen würden ins Unendliche steigen, waren verkaufsträchtige Argumente. Auf diese Weise werden allein in der WTG-Branche mehrere Milliarden jährlich eingesammelt und vernichtet. Gewinne allerdings gibt es selbst bei solchen Gelegenheiten nur selten, und wenn, dann am ehesten auf fingierten Kontoauszügen. Unabhängig davon, unter welchen Vorzeichen ein Kontrakt abgeschlossen wurde, es steht ihm immer eine Verlustquote von ca. 90% entgegen. Sollte es einmal an Ereignissen mangeln, werden kurzerhand verhagelte Ernten, kalte Sommer, Kongreßbeschlüsse und Prognosen führender Wirtschaftsexperten erfunden. Für den Verkäufer spielt es keine Rolle, ob sich die Kurse nach Ankauf tatsächlich in die richtige Richtung bewegen. Er hat sein Geld bereits mit dem Verkaufsabschluß sicher in der Tasche.

Gelegentlich geben sich selbst die Verkäufer der Illusion hin, daß ihre Kunden Höchstgewinne erzielen. Das erhöht die Equity und verringert die Zahl der zu akquirierenden Neukunden.

Sollte ein Kunde einmal schwer zu überzeugen sein und einen Blick auf die Chartentwicklung zu werfen wünschen, hat der Börsenhai keine Skrupel, einen Chart in seinem Sinne zu manipulieren. Ein Federstrich genügt, und schon ist der Aufwärtstrend nicht mehr zu übersehen.

Gerne raunt man dem Kunden Gerüchte über anstehende, aber noch geheime Übernahmen (mergers and acquisitions) ins Ohr. Wer dächte da nicht sofort an den riesigen Reibach, der in den 80er Jahren mit derartigen Spekulationen gemacht werden konnte. Die Zeit von 1987 bis 1991 war die große Zeit der Firmenübernahmen, und in Amerika verdienten sich einige Börsianer damit eine goldene Nase. Die Auswirkungen auf den gesamten Aktienmarkt waren nicht unbeträchtlich, denn es verschwanden Aktien im Gegenwert von 400 Milliarden US-Dollar vom Markt. Ihre Gesellschaften waren Opfer manipulierter, feindlicher Übernahmen geworden.

Kleinere No-name-Unternehmen, deren Aktien der Börsenhai mit ausgezeichneter Verdienstspanne verkauft, werden durch eine konstruierte Verbindung zu Marktführern oder großen Ereignissen aufgewertet. Da wird die Software eines No-names bereits bei General Electric eingesetzt, eine kleine Backwarenfirma wird zum Zulieferer von McDonald's, eine Drei-Mann-Filmgesellschaft hat einen Vertrag mit Robert Redford, oder Exxon interessiert sich für einen Pipelinehersteller, dessen Produktionsstätten sich in einer Garage befinden. Die Reihe der Möglichkeiten wäre endlos fortzusetzen.

Diesen kleinen Trick, so hat es den Anschein, benutzte selbst Heiko Thieme, vielgepriesener Fondmanager, als er 1994 in der Öffentlichkeit Aktien der amerikanischen Firma Senentec anpries. Das Miniunternehmen sollte ganz groß in das Geschäft mit Haarwuchsmitteln und potenzsteigernden Präparaten einsteigen, und angeblich waren namhafte Pharmagiganten an einer Übernahme interessiert. Durch passives Telemarketing kam der Stein ins Rollen. Über eine gebührenpflichtige Servicenummer konnten sich Börseninteressierte täglich über die Aktienempfehlungen des Herrn Thieme informieren. Aus den allgemeinen Tendenzprognosen und weniger aufregenden Empfehlungen wurde über einen längeren Zeitraum hinweg der kleine Nebenwert hervorgehoben. Kurzzeitig war in der Tat eine Kurssteigerung zu beobachten. Eine einzigartige Gelegenheit für den Fondmanager, seinen Fond von diesem Wert zu bereinigen, das sogenannte front running zu betreiben, oder ein ernstgemeinter Tip?

Gewinnversprechungen

Den ersten Platz auf der Argumentationsliste nehmen Gewinnversprechungen ein. In der Klopperszene weiß jeder, daß mit Renditeerwartungen innerhalb des normalen Rahmens von derzeit 5 bis 7% kein Hund, geschweige denn ein Anleger, hinter dem Ofen hervorzulocken wäre. Deshalb wird die Gewinnschraube zumindest verbal soweit wie möglich in die Höhe gedreht. Je aussichtsreicher die Versprechungen, um so eher werden die Kunden anbeißen. Die Telefonbroker verstehen viel von ihrem Handwerk. Sie sind Meister darin, im Kunden die Gier zu wecken – die Gier auf immer mehr Geld. Risiken werden heruntergespielt und manch ein Telefonmann reagiert aufs äußerste empört, wird er darauf angesprochen.

»Hören Sie, Herr Kunde, ich bin geprüfter Börsenfachmann, und ich lebe von der Richtigkeit meiner Aussagen, das wollen Sie doch wohl nicht in Frage stellen?«

Das dreisteste Angebot hat ein Unternehmen mit 3,3% Renditeerwartung pro Tag (!) ausgesprochen. Auf ein Jahr gerechnet sind das 1200%. Auch hier haben sich genügend Gutgläubige und Gierige gefunden, die sich auf das Angebot eingelassen haben. Getrieben vom Motiv der Geldgier lassen sich die Opfer und manchmal auch die Täter blind in kriminelle Handlungen verstrikken. Der Atlas IKA Verlag aus Norderstedt verspricht 20% – steuerfrei versteht sich –, und natürlich ist das Ganze durch ein internationales Bankenkonsortium hinreichend abgesichert. Es steht außer Frage, daß dieses großzügige Konsortium sich in Betrügerparadiesen der Karibik, dem dafür prädestinierten US-Staat Delaware oder an einem vergleichbaren Ort befindet. Noch bevor der Kunde auch nur eine Mark Gewinn gesehen hat, lösen sich die Banken, die solcherlei Versprechungen zertifiziert haben, in Wohlgefallen auf. Doch vorher haben sich die Macher die eigenen Taschen vollgestopft. Mit dreisten 100% in nur wenigen Wochen warb die Confirminig Broker Handelsmakler GmbH aus Essen, und die Royco Investment Company aus Genf lockte mit 70% Rendite per anno. Bescheiden dagegen nimmt sich die Warwick Finance Company Ltd. aus, die 1990 mit 4,5% Rendite pro Monat warb. Je verrückter und utopischer das Angebot, um so eher fallen die Anleger auf die schönen Worte der Verkäufer herein, so scheint es. Wer möchte auch nicht von solchen Gewinnchancen träumen? Anleger, die ihr Geld allerdings behalten möchten, sollten es bei dem Traum bewenden lassen. Gewandte Verkäufer umgehen die verbotenen Garantieversprechungen, indem sie auf ein Musterdepot, das die Firma angeblich führt, verweisen. Dieses Depot, das es natürlich nicht gibt, hat, so schwärmen die Abzocker, in kürzester Zeit eine Traumrendite von sage und schreibe 60% erwirtschaften können. Ein sicherer Beweis also für das Spekulationsgeschick des Hauses.

Steuerfreiheit und Steuerflucht

»Warum dem deutschen Fiskus das sauer verdiente Geld in den Rachen schmeißen, wenn es doch Möglichkeiten gibt, es sicher unterzubringen und damit noch hohe Gewinne zu erzielen.«

Bei solchen Argumenten kommt manch ein Angerufener ins Grübeln und fragt neugierig nach. Wer soweit nicht gehen möchte, dem werden zumindest steuerfreie Gewinne in Aussicht gestellt. Tatsächlich sind in einigen Ausnahmefällen Spekulationsgewinne steuerfrei. Das wissen die Börsenhaie sehr wohl und argumentieren immer wieder in diese Richtung. Die Kunden fühlen sich vom Anrufer auf Anhieb verstanden und begeben sich mitsamt ihres Vermögens in die Hände des Betrügers. Liegt zwischen An- und Verkauf eine Frist, die sechs Monate nicht überschreitet, muß der Spekulant seine Gewinne regulär versteuern. Dies gilt für Aktien und Optionsrechte. Über diese Frist hinaus sind die erzielten Gewinne jedoch steuerfrei. Aufgrund des Doppelbesteuerungsabkommens mit den Vereinigten Staaten müssen dort erzielte Gewinne ausschließlich in Deutschland versteuert werden. Anders sieht es bei Warentermingeschäften aus. Da der Käufer eines Kontraktes im Gegensatz zum Optionskäufer in keinster Weise die Möglichkeit in Betracht zieht, den Kontrakt zu erfüllen und sich 1000 Barrel Erdöl oder 1000 Bushel Baumwolle anliefern zu lassen, bewertet der Fiskus die Warenterminspekulation als reines Wettgeschäft. Der Anleger wettet darauf, daß der Preis eines Produktes zu einem bestimmten Zeitpunkt in der Zukunft die Marke X erreicht haben wird. Das Prinzip entspricht einer Wette beim Buchmacher und ist wie diese steuerfrei.

Motivation und Demotivation

Auch der Abzocker ist kein verkäuferisches Perpetuum mobile, das den Antrieb für die tägliche Routine aus sich selbst schöpft. Dem tragen die Verantwortlichen Rechnung, wenn sie die Verkäufer in ein enges Raster mit wenig persönlicher Freiheit pressen. Der Verkäufer unterliegt in seinem Tagesablauf präzisen Regeln.

Selbst über den Verdienst wird öffentlich Buch geführt. An der sogenannten Commission-Tafel kann jeder die erschwatzten Provisionen des anderen ablesen.

Beispiel:

Monat: August		Stand:	24. 08. 1995
Last commission day:			31. 08. 1995
Commission gesamt	Name	Broker-Nr.	Openings gesamt
$ 34250	Tom	011	14
$ 29600	Jürgen	012	14
$ 12000	Kai	013	12
$ 14200	Calvin	014	8
$ 8450	Tobias	015	7
$ 7900	Markus	016	7
$ 5800	Richard	017	5
$ 2200	Norbert	018	2

Derjenige, der sein Mindestsoll noch nicht erfüllt hat, steht unter besonderer Beobachtung und wird nicht selten zum Gespött des gesamten Abzockerbüros. Die Negativmotivation soll den Verkäufer zu immer mehr Leistung anspornen. Um den Verkauf tüchtig anzukurbeln, werden einige Tage vor dem Last commission day, dem letztmöglichen Abrechnungstag für Provisionen, Freigeld- und Equitylisten sämtlicher Kundenkonten an die Verkäufer ausgegeben. Eine solche Maßnahme zieht merkliche Umsatzsteigerungen nach sich, da die Verkäufer nun auch den letzen freien Dollar der Kundenkonten in Commission verwandeln und die Depotbestände nochmals umschichten werden.

Das tägliche Arbeitspensum ist strikt, fast militärisch reglementiert. Während eines sechsstündigen Arbeitstages müssen eine Netto-Telefonzeit von mindestens zwei Stunden, ein Minimum von 120 Wählversuchen und eine daraus resultierende tägliche Telefongebühr von ca. 100 D-Mark nachgewiesen werden. Verkäufer, die diese Vorgaben nicht erfüllen, toleriert die Branche nicht. Der Automechaniker Klaus M. berichtet von seinem kurzen Ausflug in die Warenterminbranche:

»Über mehrere Wochen hinweg ist mir immer wieder ein und dieselbe Zeitungsanzeige aufgefallen. Ein Honorar von 10000 Mark im Monat wurde darin in Aussicht gestellt. Eines Tages war es dann soweit: Ich saß in einem Großraumbüro zusammen mit zwölf anderen Telefonverkäufern und sollte anhand eines Branchenbuches irgendwelche Handwerker anrufen, um in ihnen das Interesse für Börsengeschäfte wachzurufen. Nachdem ich in der ersten Woche ca. 40 bis 50 Wählversuche täglich geschafft hatte, bekam ich gleich zu Beginn der zweiten Woche eine unmißverständliche Verwarnung. Ich habe mir wirklich die Finger wund gewählt, aber dem Chef des Hauses hat es nicht gereicht. Am Freitagabend der zweiten Woche hat er ein Fünfmarkstück auf meinen Schreibtisch geschmissen und meinte, dafür könne ich am Montag einen Kaffee trinken gehen. Im Café sei es auch schön, und ich sei auch dort sicher, keine Geschäfte zu machen.«

Herrscht bei einem Anlagehai zwischenzeitlich Personalmangel, nutzt man die personelle Flaute und trainiert schlechtere Verkäufer, damit sie vielleicht doch noch richtige Betrüger werden. Das Pensum der täglichen Netto-Telefonzeit ist hart und nur zu erfüllen, wenn der Verkäufer ununterbrochen telefoniert. Gezielte Motivationstechniken fördern den Drill. Es beginnt bereits am Morgen: Der sogenannte Sklaventreiber, meist ein umsatzverwöhnter Loader oder der Geschäftsführer persönlich, hält eine kurze Ansprache (Branchenjargon = Morgenandacht) und heizt der Verkaufsmannschaft richtig ein. Wer sein Verdienstsoll noch nicht erreicht hat, wird mit üblen Worten abgekanzelt und bloßgestellt. Die zum Verkauf stehenden Anlagemöglichkeiten werden bei dieser Gelegenheit der Verkaufsmannschaft vorgestellt und schmackhaft gemacht und als Sprungbrett ins Commission-Glück präsentiert. Geht es dann ans Tagewerk, wird unablässig darauf geachtet, daß innerhalb der Mannschaft eine positive Stimmung herrscht. Alkohol ist dafür ein bewährtes Mittel. Ein ehemaliger Loader einer Münchener Vermittlungsfirma erinnert sich:

»Bei uns herrschte durchweg eine euphorische Stimmung, besonders wenn die Loadingquote hoch war. Den meisten Spaß hatten wir immer, wenn Kaffeekontrakte verkauft wurden. Dann haben wir uns gegenseitig mit Kaffeebohnen beschmissen, und der schwarze Saft wurde mit einem gehörigen Schuß Whisky verfeinert.«

Aufputschmittel, Alkohol und härtere Drogen finden sich in fast allen Büros. Wer mit der Stimmung nicht mithalten kann, erzeugt sie eben auf diese Weise.

Produkte und Werbegeschenke der kleinen, unbekannten Firmen werden den Verkäufern zur Verfügung gestellt, oder sie erhalten bunte Salesfolder, gedruckt auf Hochglanzpapier, um die Illusion, daß es sich um ein profitables Unternehmen handelt, zu stützen. Das alles verfolgt den Zweck, beim Verkäufer Akzeptanz und Identifikationsfaktoren für das Anlageangebot zu erzeugen. Options- oder Aktienvermittler, die ihre Kunden mit Standardwerten ködern, sammeln akribisch Pressenotizen über das jeweilige Unternehmen, nicht zuletzt, um sie als Argumentationshilfen gegenüber dem Kunden einzusetzen.

In regelmäßigen Abständen veranstalten die Firmen Wettbewerbe, um die Einnahmen in die Höhe zu treiben. Je größer die Abkassiermaschine, um so extravaganter fallen die Prämien aus: Vom Fernseher über Bargeld bis zum Kleinwagen oder Kurzurlaub für den besten Verkäufer ist fast alles dabei. Diejenigen, die sich zu den Erfolgreichsten eines Hauses zählen, gehen einmal im Jahr auf eine gemeinsame Reise. Das steigert Motivation und Zusammengehörigkeitsgefühl. Alljährlich zur Weihnachtszeit chartert die Düsseldorfer WBB eine komplette Maschine und fliegt mit der Abzockermannschaft auf die Bahamas, dem eingetragenen Sitz der Firma. Unter Palmen feiert man das Weihnachtsfest, und die besten Verkäufer und Broschürenfrauen werden vor versammelter Mannschaft geehrt und ausgezeichnet. Besonders geschäftstüchtige Mitarbeiter filmen das Spektakel und verhökern das Filmmaterial innerhalb der Branche als authentisches Motivationsmaterial.

Der Gesprächsaufbau

Der Second call

Zirka fünf Tage nachdem der Kunde die Broschüre erhalten hat, wird er von einem Opener angerufen:

Börsenhai: Guten Tag, Herr ... Mein Name ist Michael Berger von der Schweizer Effekten AG aus Düsseldorf. Wir hatten vor einiger Zeit schon einmal telefoniert, Sie erinnern sich sicherlich.
Kunde: Nein, das sagt mir im Moment nichts.
Börsenhai: Ich gebe Ihnen mal ein Stichwort: Schweizer Effekten AG, internationales Börsenhaus.
Kunde: Ja, das kann sein.
Börsenhai: Herr ... wie versprochen, haben wir Ihnen Unterlagen zugesandt, hatten Sie schon Gelegenheit, da mal rein zu schauen?
Kunde: Ja/Nein.
Börsenhai: Herr ..., unsere Tradingabteilung ist gerade dabei, einige Eckdaten auszuwerten, ich denke, wir haben in Kürze eine sehr interessante Marktsituation. Wenn es soweit ist, werde ich mich nochmals melden. Bis dahin wünsche ich Ihnen noch gute Geschäfte. Auf Wiederhören, Herr ...

Der Trick: Wer nicht bereits nach dem ersten Satz des Anrufers entschieden den Hörer einhängt, hat den Kopf in der Schlinge und wird Mühe haben, ihn wieder herauszuziehen. Das Interesse des Kunden wird nochmals abgeklopft, aber er wird an der langen Leine gehalten. Man kann davon ausgehen, daß der Angerufene es begrüßt, noch kein Verkaufsangebot zu erhalten. Die Geschichte von der Auswertung durch die Tradingabteilung suggeriert eine große und seriöse Firmenstruktur.

Das Verkaufsgespräch

Verkaufsgespräche dieser Art werden von Openern und Loadern gleichermaßen geführt:

Variante A

Börsenhai: Guten Tag Herr ... Mein Name ist Michael Berger von der Schweizer Effekten AG. Sie werden sich erinnern, ich hatte Ihnen zugesagt, daß ich mich melde, wenn sich an der Börse was tut. Das ist genau heute der Fall.

Kunde: (Wie auch immer der Kunde reagieren mag, solange er noch zuhört, folgt die eigentliche Verkaufsstory, die z.B. so aufgebaut sein könnte.)

Börsenhai: Haben Sie etwas zum Schreiben zur Hand, Herr ...?
Dann schreiben Sie doch mal folgendes auf ein Stück Papier:
oben rechts: 7250 absolutes Hoch
Mitte links: 2200 Tiefststand
darunter: 1600 Herstellungspreis
unten links: 1200 aktueller Preis
Haben Sie das?

Kunde: Ja, und?

Börsenhai: Das sind die Preise in Dollar für den Kaffeemarkt.
Was zahlen Sie zur Zeit für Ihren Kaffee?

Kunde: Da müssen Sie meine Frau fragen, 8 Mark vielleicht.

Börsenhai: Sehen Sie! Was meinen Sie, was wäre notwendig, damit der Kaffeepreis garantiert steigt?

Kunde: (versucht, etwas Kluges zu formulieren)

Börsenhai: Und genau das passiert gerade, Herr ...
Und wie wir die Situation zu Geld machen, das möchte ich Ihnen kurz darlegen. Wir handeln mit einem Kontrakt 5 Tonnen Kaffee: also 5 mal 3000 Dollar. Das heißt, wir kalkulieren vorsichtig, mit einem Preis knapp über dem Tief, und wenn Sie mehr Gewinn machen, werden Sie mir sicherlich nicht böse sein.
Das macht 15000 Dollar.
Minus 150 Dollar für An- und Verkauf, die Börse arbeitet ja schließlich nicht umsonst.

Verbleiben 14850 Dollar mal 1,49 für den Dollarkurs, das sind rund 22000 D-Mark, abzüglich unserer Gebühr.
Damit Sie spätestens in zwei Wochen 22000 Mark auf Ihrem Konto haben, brauche ich heute 14000 Mark von Ihnen.

Trick 1: Die Verkaufsstory wird zu einem Scheindialog. Unabhängig davon, was der Kunde auf die Fragen des Börsenhaies erwidert, er wird immer Recht bekommen. Der Pseudo-Broker erfüllt also die Grundvoraussetzung für eine intakte Kommunikation: Der andere fühlt sich anerkannt und akzeptiert, ja, er wird sogar für seine Meinung gelobt.

Trick 2: Durch das Mitschreiben wird der Kunde visuell und auditiv in das Verkaufsgespräch hineingezogen. Eine Kombination, die das Medium Telefon a priori ausschließt. Die Anordnung des steigenden Kursverlaufes von links unten nach rechts oben entspricht der üblichen Lesart und plaziert das absolute Hoch an exponiertester Stelle.

Trick 3: Der Rechnung liegt eine Hypothese zugrunde. Sie erfolgt anhand zu erzielender Gewinne, nicht anhand des Einsatzes. Die Höhe der tatsächlichen Gebühr wird dem Kunden verschwiegen. Es werden lediglich 150 Dollar Roundturngebühr, also Brokerkommission, erwähnt.

Ausgehend von einem Dollarkurs, der bei 1,49 D-Mark liegt, müßte der gesamte Trade genau 9163,50 DM kosten. Der Verkäufer verlangt jedoch 14000 Mark. Die dazwischenliegende Differenz von 4836,50 Mark, das sind 34,54%, wandert in die Tasche des Vermittlers, ohne daß der Kunde dieses ahnt. Das bedeutet gleichzeitig, daß der Kaffeepreis sich um die entsprechende Summe nach oben bewegen müßte, damit der Kunde überhaupt mit seiner ursprünglichen Einlage pari wird.

Variante B

Diese Variante wird angewandt, wenn der Kunde beim ersten Versuch nicht sofort angebissen hat und man ihn eine Weile in Ruhe gelassen hat:

Börsenhai: Guten Tag, Herr ... Mein Name ist Michael Berger von der Schweizer Effekten AG. Wir haben vor zwei Wochen das letzte Mal miteinander gesprochen, es ging um Börsengeschäfte. Seinerzeit hatte ich Ihnen den Kaffeemarkt vorgestellt. Sie haben sicherlich meine Empfehlung verfolgt und gemerkt, daß Sie viel Geld verdient hätten, wären Sie sofort in den Markt gegangen.

Kunde: Sie können mir viel erzählen.

Börsenhai: Das ist richtig. (Kurze Pause) Sie sind ein kluger Mann, und ich nehme an, Sie wollen nicht noch mehr Geld verschenken.
(Es folgt eine neue Verkaufsstory.)

Variante C

Sie wird angewandt, wenn sich der Börsenhai den Aufwand, eine Broschürenabteilung zu betreiben, sparen möchte.

Börsenhai: (Überschwenglich und laut) Ich grüße Sie, Herr ..., Hier ist Michael Berger. Schön, daß ich Sie endlich erreichen kann. Ich hoffe, es geht Ihnen gut!

Kunde: Ja, danke. Was kann ich denn für Sie tun, Herr Berger?

Börsenhai: Herr ..., haben Sie die XY-Aktie verfolgt, die hatte ich Ihnen schon vor drei Monaten mit 23 Dollar empfohlen. Mittlerweile steht sie bei 35 Dollar. Was sagen Sie dazu? Da hätten wir zwei ein ausgezeichnetes Geschäft gemacht, was?

Kunde: Herr Berger, das sind keine Geschäfte für mich.

Börsenhai: Ich würde Sie heute nicht anrufen, hätte ich hier nicht eine Jahrhundertinformation für Sie.
(Es folgt die übliche Verkaufsstory.)

Trick 1: Es handelt sich um den sogenannten Kaltverkauf. Die zwei Personen haben in ihrem bisherigen Leben niemals miteinander telefoniert. Die euphorische Begrüßung lenkt den Kunden auf eine falsche Denkschiene, denn er wird darüber nachdenken, wer der Mensch am anderen Ende der Leitung ist. Der Börsenhai kann sich hundertprozentig darauf verlassen, daß der Mitbewerb sich schon eifrig um den Angerufenen bemüht hat und ihm deshalb Gespräche dieser Art nicht fremd sind. Die verbindliche Art des Anrufers wird dem potentiellen Kunden ein Beweis dafür sein, sich schon einmal vertraulich mit Herrn Berger unterhalten zu haben.

Trick 2: Die zitierten und gestiegenen Empfehlungen sind ausschließlich solche, die sich eines hohen Bekanntheitsgrades erfreuen und in den Medien aufgrund des Kursanstieges oder anderer Zusammenhänge viel diskutiert worden sind. Wenn sich der Angerufene schon nicht an den Anrufer erinnern kann, so wird ihm doch der genannte Wert ein Begriff sein. D.h., er schöpft seine Erinnerung aus den Medien und projiziert diese nun auf die Person des Betrügers.

Das Loadinggespräch

Der Angerufene ist bereits Kunde des Hauses und soll nun weitere Abschlüsse in größerem Umfang tätigen.

Börsenhai: Einen schönen guten Tag, Herr ... Mein Name ist Michael Berger. Ich bin hier bei der Schweizer Effekten AG Research Director. Sie sind ja seit einiger Zeit Kunde unseres Hauses, Herr ..., und wie ich sehe, stehen Ihre Positionen alle gut im Gewinn.

Kunde: Freut mich zu hören.

Börsenhai: Herr..., Wir haben heute eine phantastische Marktsituation mit einer unglaublichen Chance zum Geldverdienen. (Es folgt eine fulminante Verkaufsstory) Ich schlage Ihnen vor, wir gehen hier in einer Größenordnung von 500000 in den Markt. Wie hoch sind Sie denn im Erstgeschäft eingestiegen?

Kunde: 14000 Mark.

Börsenhai: Was, 14000 Mark? Studieren Sie noch, oder wieso haben Sie ein Studentenkonto bei uns?
Dann wird es aber Zeit, daß Sie einmal ein vernünftiges Börsengeschäft machen. Ich werde Ihnen zeigen, wie man wirklich Geld verdient.
Ich schreibe jetzt für Sie eine Order über 500000. Habe ich dafür Ihr O.K.?

Trick 1: Der Loader spricht von vorhandenen Gewinnpositionen. 90% aller Fälle beweisen, daß es sich bei derartigen Äußerungen um reine Höflichkeitsfloskeln und dreiste Lügen handelt. Sie stimmen den Kunden positiv und entfachen die Gier auf noch größere Gewinne.

Trick 2: Der Loader spricht von 500000. Es ist nicht klar, worum es sich handelt. Die meisten Kunden setzen stillschweigend voraus, daß es um D-Mark geht. Bekommen Sie dann eine Rechnung präsentiert, die auf 500000 Stück Aktien zu je 1.50 US-Dollar lautet, korrigieren nur die wenigsten den Irrtum. Derjenige, der sich finanziell überfordert sieht, wird dieser Manipulation zufolge an den Rand seiner Möglichkeiten gehen und ein Geschäft in einem nicht geplanten Umfang abschließen.

Trick 3: Handelt es sich um besonders große Summen, ist die Vermittlungsfirma selbstverständlich bereit, das Geld persönlich beim Kunden abzuholen. Doch nur ungerne erscheint der Loader selbst auf der Bildfläche, immerhin ist er ein erfolgreicher Broker, der durch den permanenten Blick auf Kursverläufe sein Geld verdient. Aber glücklicherweise gibt es ja einen hauseigenen Geldboten, den er dem Kunden vorbeischicken kann. Der Geldbote ist natürlich kein anderer als der Loader höchstpersönlich.

Die Einwandbehandlung

Die wirkungsvollste Methode im Umgang mit Kundeneinwänden ist die sogenannte Umkehrtechnik. Auf diese Weise werden Fragen in Aussagen (und umgekehrt: Aussagen in Fragen) verwandelt, an die sich dann die branchenüblichen Allgemeinplätze anschließen. Selbst ein eindeutiges »Nein« des Kunden, kann auf diese Weise aufgelöst werden und der Gesprächsfluß bleibt erhalten.

Beispiel:

Kunde: Das ist mir zu teuer.
Börsenhai: Sie fragen sich, lohnt sich das überhaupt für mich.
Kunde: Ja, genau.
Börsenhai: Dann sollten wir uns einmal ansehen, was Sie durch Ihre Einlage verdienen werden.

Der Einwand wird umgekehrt, aus der definitiven Aussage des Kunden wird eine Frage, die in eine positive Denkrichtung weist: Aus Risiko wird Verdienst. Auch gezielte Fachfragen, die der Börsenhai nicht zu beantworten vermag, werden mit der Methode wirkungsvoll umgangen.

Beispiel:

Kunde: Wie entwickelt sich der Dollar?
Börsenhai: Damit machen Sie eine ganz entscheidende Aussage. Nur wenn die Dollarprognosen wirklich sicher sind, ist der Dollarmarkt Ihr Markt.

Ganz offensichtlich wird die Frage zur Aussage, wodurch sich eine Beantwortung erübrigt. Gekoppelt mit einem Lob, wird sich jeder Kunde mit dieser Antwort zufrieden geben.

Einwandkatalog

Bevor der Kunde ein Geschäft abschließt, liegt es in der Natur der Sache, daß er einige Fragen und auch Einwände hat. Wie auch immer sie lauten mögen, der Verkäufer wird sie entkräften, und zwar in einer Weise, die weder eine Diskussion noch ein Streitgespräch nach sich ziehen wird. Die prompte Schlagfertigkeit entstammt den sogenannten Einwandkatalogen, die jedes Abzockerhaus seinen Verkäufern an die Hand gibt.

Wie Kundeneinwände zu 100 % entkräftet werden

Einwand: Ich möchte von Ihnen nicht belästigt werden.

Antwort: Wenn ich Ihnen per anno mehr Rendite als Ihr Banker bringen kann, ist das wohl keine Belästigung.
Oder:
Wenn ich jetzt vor Ihnen stünde, weiß ich genau, Sie würden mich zum Essen einladen. Das empfände ich als Belästigung.

***

Einwand: Kein Interesse

Antwort: Das kann ich gut verstehen, man kann auch kein Interesse an Dingen haben, die man noch nicht kennt.
Oder:
Sie sind doch Geschäftsmann, Herr Kunde? Na also, als Geschäftsmann, das weiß doch jedes Kind, hat man nur an einer Sache Interesse: am Geld verdienen.
Und genau darüber unterhalten wir uns jetzt.

***

Einwand: Ich habe keine Zeit.

Antwort: Gut, daß Sie das Thema ansprechen, meine Zeit ist auch knapp bemessen. Also, fassen wir uns kurz.
Oder:
Für wichtige Dinge im Leben nimmt man sich immer Zeit.
Oder:
Werden Sie in den nächsten 5 bis 10 Minuten auch 10000 Mark verdienen?

***

Einwand: Ich habe die Broschüre noch nicht gelesen.

Antwort: Mit Lesen können Sie auch kein Geld verdienen. Deshalb rufe ich Sie ja an.

***

Einwand: Melden Sie sich demnächst noch einmal.

Antwort: Dann kommt es Ihnen also auf den richtigen Zeitpunkt an? Der richtige Zeitpunkt ist jetzt. Lassen Sie uns sehen, was wir aus der Situation machen können.
Oder:
Bei solch einem Markt wie 1991, als der Ölpreis aufgrund politischer Konflikte von 18 Dollar auf 42 Dollar pro Barrel stieg, durfte man auch nicht zögern.
Oder:
Kein Lottogewinner wußte vorher von seinem Glück. Wissen Sie, ob nicht in der nächsten Woche ein Geldsegen bei Ihnen ansteht?

***

Einwand: Sie sind schon der fünfte, der heute anruft.

Antwort: Das finde ich sehr gut, daß Sie auf mich gewartet haben.
Oder:
Daran können Sie erkennen, wie interessant der Markt ist.

***

Einwand: Wie kommen Sie an meine Adresse?

Antwort: Gut, daß Sie mich fragen. Wir sind stolz auf unsere PR-Abteilung, die nur Kunden mit guter Bonität zuläßt.

***

Einwand: Ich kenne Sie doch gar nicht!

Antwort: Ich Sie doch auch nicht.

Oder:
Wenn Sie einen Mercedes fahren, kennen Sie doch auch nicht den Chefkonstrukteur.
Oder:
Sie haben doch unsere Unterlagen erhalten, darin steht alles, was Sie wissen müssen.

* * *

Einwand: Das Risiko ist mir zu hoch.

Antwort: Ihr Risiko ist mit einem Stop loss, den Sie selbst bestimmen, begrenzt.
Oder:
Es ist als Börsenmakler nicht meine Aufgabe, Risiko zu erzeugen, sondern zu verhindern. Deshalb auch meine Gewinnbeteiligung.
Oder:
Glauben Sie, ich stütze meine Karriere auf 100% Risiko?
Oder:
Sie selber sind das Risiko. Wer an der Börse zögert, torpediert seinen eigenen Gewinn.
Oder:
Wo wären wir denn ohne Risiko? Ohne Risiko gäbe es auch keine Millionäre.

* * *

Einwand: Ich habe Angst vor Verlusten.

Antwort: Verluste werden begrenzt, Gewinne unbeschränkt laufen gelassen.
Oder:
Niemand kann ausschließen, daß Sie mal ein paar Mark verlieren. Das haut Sie doch wohl nicht um, oder?
Oder:
Verlierer haben an der Börse nichts verloren. Das passiert

immer nur Leuten, die auf eigene Kappe handeln und die paar Mark Brokergebühren sparen wollen.

* * *

Einwand: Warum machen Sie das Geschäft denn nicht selbst?

Antwort: Ein Arzt kann auch nicht davon leben, daß er nur sich selbst heilt. Ich nutze meine Insiderkenntnisse doppelt: für Sie und für mich.
Oder:
Wenn ich mit meinem eigenen Geld arbeiten würde, könnte ich mich nicht mehr 100% um das Geld meiner Kunden kümmern. Aus diesem Grund gibt uns die Börsenaufsicht nicht die Möglichkeit. Aber fünf Kunden à 20% Gewinnbeteiligung, das sind auch 100%.

* * *

Einwand: Können Sie mir Referenzen nennen?

Antwort: Möchten Sie, daß ich morgen mit Ihrem Namen hausieren gehe und jedem erzähle, wieviel Sie investiert haben?
Oder:
Tut mir leid, bei uns wird das Bankgeheimnis strenger gewahrt als in der Schweiz.

* * *

Einwand: Ich habe schon mal verloren.

Antwort: Ich kann doch nichts dafür, wenn Sie sich Ihre Geschäftspartner vorher nicht richtig anschauen.
Oder:
Sie lassen sich doch nicht scheiden, nur weil Sie einmal einen Ehestreit hatten?
Oder:
Dann wissen Sie ja jetzt genau, worauf es ankommt.

* * *

Einwand: Ich mache keine Geschäfte am Telefon.

Antwort: Wenn Sie keine Geschäfte am Telefon machen, frage ich mich, warum Sie überhaupt ein Telefon haben. Sie machen doch nicht nur Ihre Privatgespräche über diesen Apparat?!
Oder:
Haben Sie sich noch nie mit Ihrem Banker über das Telefon unterhalten?
Oder:
Haben Sie an der Börse schon einmal einen Besprechungsraum gesehen?
Oder:
Fahren Sie wegen 10000 Mark zum Kunden?
Oder:
Haben Sie noch nie etwas von Telefon-Banking gehört?

***

Einwand: Ich mache so etwas grundsätzlich nicht.

Antwort: Wenn ein 1000-Mark-Schein auf der Straße liegt, heben Sie ihn doch grundsätzlich auf, oder?
Oder:
Haben Sie das auch zu Ihrer Frau gesagt, als Sie das erste Mal alleine waren?
Oder:
Prüfe, wer sich ewig bindet, ob sich nicht etwas Besseres findet.

***

Einwand: Ich habe genug Geld.

Antwort: Warum arbeiten Sie dann noch?
Oder:
Dann leihen Sie mir doch mal eben eine Million. Ich glaube kaum, daß Sie das können.

***

Einwand: Ich mache keine hochspekulativen Geschäfte.

Antwort: Sie können doch keine Vorurteile gegen etwas haben, das Sie gar nicht kennen!
Oder:
Da ich mein Geld ausschließlich anhand eines Provisionsschlüssels verdiene, lasse ich mich doch nicht auf eine Hochspekulation ein. Ich verdiene doch nur, wenn Sie Gewinne machen.

***

Einwand: Ich investiere nur in meine Firma.

Antwort: Ich unterhalte mich mit Ihnen auch nicht über Ihr Geschäftsgeld. Außerdem spreche ich nicht von Geldausgaben, sondern von Geldeinnahmen.

***

Einwand: Ich habe nur Aktien.

Antwort: Bei Aktien können Sie nur am Kursanstieg verdienen. Bei Termingeschäften verdienen Sie auch am Preisverfall.

***

Einwand: Ich arbeite ausschließlich mit Immobilien und Festgeld, Aktienspekulation lehne ich ab.

Antwort: Dann wissen Sie also jeden Monat genau, wieviel Geld Sie verschenken.
Oder:
Haben Sie noch nie etwas von den drei Säulen der Geldanlage gehört: Immobilien, festverzinsliche Papiere und Aktien?
Oder:
Da haben Sie aber Glück, daß Sie endlich einmal mit einem waschechten Börsenfachmann sprechen können.

***

Einwand: Ich habe kein Geld.

Antwort: Deshalb rufe ich Sie ja an.
Oder:
Wer viel Geld hat, kann spekulieren, wer kein Geld hat, muß spekulieren.
Oder:
Sie sind doch Geschäftsmann, oder? Und als Geschäftsmann sollte man immer liquide sein, oder? Na also!
Oder:
Wenn Sie das immer zu Ihren Lieferanten sagen würden, hätten Sie bald keine mehr.
Oder:
Stellen Sie sich folgendes vor: Ihr Nachbar steht kurz vor der Pleite, hat sich aber vor vier Wochen für 150000 Mark bar einen SL gekauft. Jetzt kommt er zu Ihnen und sagt, daß er, um die Pleite abzuwenden, 20000 Mark braucht und Ihnen dafür den Wagen überläßt. So, Herr Kunde, würden Sie den Wagen kaufen? (Kunde: Ja, vielleicht) Sie haben doch gesagt, Sie hätten kein Geld. Dann lassen Sie uns jetzt mal ernsthaft reden.

***

Einwand: Es gibt zu viele schwarze Scharfe in Ihrer Branche.

Antwort: Wenn ich mit Ihrem Geld verschwinden wollte, würden wir über andere Beträge reden. Das hier reicht ja noch nicht einmal, um meinen Pool zu beheizen.
Oder:
Zufällig habe ich eine Aufstellung der schwarzen Schafe, die ich Ihnen gerne nenne.

***

Einwand: Meine Frau ist dagegen.

Antwort: Ein Western ist so lange gut, bis Frauen ins Spiel kommen.

Oder:

Ihre Frau kann doch nicht über etwas entscheiden, wovon sie nichts versteht!

Oder:

Wäre Ihre Frau denn auch dagegen, wenn Sie ihr im nächsten Monat ein schickes Cabrio oder ein Brillantkollier schenken würden?

* * *

Einwand: Ich baue gerade.

Antwort: Sie werden doch wohl nicht den Hausbau stoppen, nur weil das Ganze 20 bis 30000 Mark teurer wird als geplant, oder? Also haben Sie doch Rücklagen.

Oder:

Sie bezahlen das Haus doch nicht auf einmal. Mal den Maurer, mal den Fliesenleger usw. Ehe Sie mit dem Bau fertig sind, geht doch noch ein wenig Zeit ins Land. Sehen Sie, und ich brauche das Geld nur 4 bis 6 Wochen.

* * *

Einwand: Mein Banker riet mit ab.

Antwort: Sie wollen mir doch nicht erzählen, daß Sie jemandem Ihr Geld anvertrauen, der um 4 Uhr den Rasenmäher um sein Fertighaus schiebt. Da geht es hier bei uns und an der Börse in Amerika doch erst richtig los!

Oder:

Wer das Geld anderer Leute verwaltet, sollte selbst welches haben. Sie wollen sich doch nicht von einem, der 3 bis 4000 Mark im Monat verdient, erzählen lassen, wie Sie mit Ihrem Geld umzugehen haben.

Oder:

Ihr Banker kann Ihnen doch nicht von Geschäften abraten, von den er selber lebt. Dadurch erkennen Sie selbst, daß sind doch alles legitimierte Gangster.

Oder:

Ihr Mercedeshändler rät Ihnen doch auch nicht zu einem BMW.

Oder:

Hat Ihr Banker Sie vor dem Börsencrash im Oktober 1987 oder bei der Intervention des Saddam Hussein in Kuwait auf die Situation hingewiesen und Sie daran verdienen lassen?

Oder:

Also, Sie machen nur Bankgeschäfte? Na wunderbar, dies ist eins.

* * *

Einwand: Mein Steuerberater riet mir ab.

Antwort: Wenn Sie Zahnweh haben, gehen Sie dann zum Friseur?

Oder:

Ist Ihr Steuerberater geprüfter Börsenmakler?

Oder:

Steuerberater dürfen laut der geltenden Rechtsprechung über solche Geschäfte keine Auskunft geben. Sollten Sie einen guten haben, wird er sich daran halten, wenn nicht, sollten Sie Ihr Geld, daß Sie hier verdient hätten, bei ihm einklagen.

* * *

Einwand: Nein, nein, nein, nein.

Antwort: Was würden Sie sagen, wenn einer Ihrer Mitarbeiter Ihnen 10000 Mark aus der Kasse stiehlt? Den würden Sie feuern, oder? Nichts anderes machen Sie gerade mit mir. Durch Ihr ewiges Nein fehlen mir 15% Gewinnbeteiligung. Nur, ich sage Ihnen eines, wer an mein Geld will, dem wird es schlecht ergehen. Und jetzt ist Schluß mit den Zicken, und Sie schreiben endlich auf, was ich brauche!

Es mag höchst verwunderlich erscheinen, daß derart plumpe und niveaulose Sprüche die Basis für Millionengeschäfte sein sollen. Der Grund dafür ist in psychologischen Funktionsprinzipien zu suchen, denn auch die Methode der Einwandbehandlung ist mit handfester Verkaufspsychologie unterlegt. Die Reaktionsmechanismen der Angerufenen bringen grob gegliedert zwei Reaktionstypen hervor:

Typ A funktioniert nach dem Prinzip der Unterwürfigkeit. Er ist beeindruckt von der Schlagfertigkeit des Anrufers und leistet dessen Anweisungen früher oder später Folge.

Typ B ist aufgrund seines persönlichen und beruflichen Status derjenige, dem man üblicherweise Anerkennung und Respekt zollt. Der Börsenhai schlägt eine völlig andere Gangart ein und verfährt genau gegenteilig. Dadurch erregt er Aufmerksamkeit, denn er hebt sich von der Masse der buckelnden Gefolgschaft ab und stellt sich rangmäßig über den Angerufenen. Von der Andersartigkeit und der kecken Respektlosigkeit beeindruckt, wird dieser Reaktionstyp dem Telefonmann seine Aufmerksamkeit und vielleicht sogar sein Vertrauen schenken.

Der Geschäftsabschluß

Zwei Varianten stehen im Vordergrund:

1. Bandaufzeichnungen

Der Kunde, der dem Druck des Verkäufers nicht länger Stand halten kann und sich zu einem Abschluß hinreißen läßt, wird nochmals darauf verwiesen, daß an der Börse schnell gehandelt werden muß. Um kein Geld zu verlieren, brauche man sofort die Kaufbestätigung des Kunden. Zu diesem Zweck läßt man ihn einen vorgegebenen Text auf Band sprechen, aus dem Name, Anschrift, Ordernummer hervorgehen. Somit nimmt man dem

Geköderten jede Chance, die Investition nochmals zu überdenken und Erkundigungen über Firma und Angebot einzuholen, und der Kunde fühlt sich durch die Aufzeichnung an den Auftrag gebunden.

2. *Faxauftrag*

Entweder man diktiert dem Kunden einen Text, den er unterschrieben und datiert der Vermittlungsfirma zufaxt.

Beispiel:

Sehr geehrter Herr Berger, bitte ordern Sie für mich Weizenkontrakte zum Gesamtpreis von 25000 Mark. Datum, Unterschrift.

Oder der Kunde erhält von der Firma ein bereits ausgefülltes Faxformular, welches er unterschrieben an den Vermittlungshai zurückfaxt.

Der Vertrag

In der Mehrzahl der Fälle wird der Kundenvertrag, sofern ein solcher überhaupt abgeschlossen wird, nach den o.g. Abschlußmöglichkeiten an den Kunden weitergeleitet. Ein der Branche zugeneigter Anwalt hat bei der vertraglichen Gestaltung Pate gestanden und die rechtliche Seite im Sinne des Börsenhaies untermauert. Nicht selten kommt es vor, daß der Vertrag den Kunden regelrecht entmündigt. Mit seiner Unterschrift verzichtet er auf jegliche Handlungs- und Entscheidungsfreiheit und kann so keinen Einfluß auf das eigene Depot nehmen. Er wird fast immer explizit auf alle Risiken der Spekulation, auch die des Totalverlustes, hingewiesen. Die Kunden gehen davon aus, daß nur ein seriöses Unternehmen derart drastische Formulierungen gegen den eigenen Geschäftsgegenstand auszusprechen wagt, und unterschreiben die Verträge. Weist ein Vermittler nicht ausdrücklich und schriftlich in seinem Vertragswerk auf das konkrete

Risiko z.B. der Penny-stock-Spekulation hin, kann er deshalb belangt werden. So hat der Bundesgerichtshof bereits am 22. Januar 1991 entschieden (Aktenzeichen XI ZR 151/89). Doch auch diese Maßnahme hat bisher noch kein Vermittlungsunternehmen vom Markt vertreiben können. Im Gegenteil: In den letzten Jahren werden die Risikohinweise in Prospekten und Verträgen explizit und detailliert dargestellt. Selbst das Haus Wellshire stellt seinen Kunden in den Verträgen die Frage, ob sie sich das Risiko einer derart riskanten Spekulation finanziell überhaupt leisten könnten. Dennoch werden die Angebote immer dreister. Selbst der Hinweis, daß eine Spekulation zum Totalverlust führt oder die Spanne zwischen An- und Verkaufspreis bereits bei Ankauf bis zu 70% betragen kann, schreckt die meisten Anleger nicht ab. Wer die Verträge aufmerksam liest und zu dem Resultat kommt, er habe die falsche Firma und das falsche Anlageprodukt gewählt, der wird von seinem Telefonbroker beruhigt:

»Aber, Herr ..., das gilt doch nicht für Ihren Fall. Der Vertrag muß laut Börsengesetz auf die Risiken aller Spekulationsformen hinweisen. Aber Sie, Herr ..., haben in eine hundertprozentig sichere Aktie investiert. Da können Sie sich auf mich und meine Erfahrung als Börsenfachmann verlassen.«

Nach der Unterschrift des Kunden unter den Entmündigungsvertrag und – wenn möglich – einigen darauffolgenden Loadings beginnt die unvermeidliche und vorprogrammierte Talfahrt des Depots. Unseren Börsenhai wird das kaum erschüttern:

»Tja, Herr ..., die Börse ist eben eine Hure. Aber was hilft es, wenn wir jetzt weinen? Lassen Sie uns kühl und überlegt darüber nachdenken, wie wir den Karren wieder aus dem Dreck bekommen. Ich habe da eine exzellente Idee. (Es folgt die übliche Verkaufsstory.)

Was wird verkauft?
Märkte und Produkte

Aus der Sicht des Börsenhaies muß das Produkt, das er zum Verkauf anbietet, zwei grundsätzliche Voraussetzungen erfüllen. Erstens sollte es im weitesten Sinne mit der Welt der Börse zu tun haben. Zweitens muß es für den Anleger nach Geld riechen und dem Verkäufer Geld bringen.

Die Produktpalette eines Finanzgauners unterliegt, ebenso wie die Produkte anderer Branchen, den Gesetzen des Marktes. Nicht jede Zeit und nicht jede Gesellschaft steht jedem Produkt offen gegenüber. Auch auf dem Grauen Kapitalmarkt zeichnen sich Trends ab, die sich dann in regelmäßigen Abständen und nach ähnlichen Mustern wiederholen. Waren es in den siebziger Jahren Abschreibungs- und Bauherrenmodelle, so blüht derzeit das Geschäft mit wundersamen Bankgarantien, eine bloße Erfindung einfallsreicher Geldhaie. Die Dauerbrenner unter den Betrugsprodukten sind schon seit vielen Jahren Termingeschäfte und der Handel mit Penny stocks (Aktien, die unter einem Dollar notieren).

Objektive Auswahlkriterien für die Anlagestrategie sind nicht vorhanden. Dem Vermittler geht es ausschließlich um seinen eigenen Profit. Selbst dort, wo Kunden mit gelisteten Aktien zu einer Depoteröffnung gebracht werden, wird die Auswahl mehr oder weniger willkürlich getroffen. Research und Analyse von einem Börsenvermittler ausgeführt, sind purer Dilettantismus und erfolgen in erster Linie in Anlehnung an gängige Medienmeinungen. In keiner einzigen der im deutschsprachigen Raum ansässigen

Firmen wird sich eine Person finden, der auch nur annähernd eine Analysten-Qualifikation zugestanden werden könnte. Telefonschwätzer, die sich mit diesem Titel schmücken, sind lediglich gute Redner, die ihre standardisierten Worthülsen mit Fachbegriffen ausstatten und damit den privaten Normalanleger zu beeindrucken suchen. Viele Verkäufer sind eifrige Handelsblattleser und argumentieren im Wortlaut dieser Zeitung. Ein geschäftstüchtiger Hamburger Warenterminhändler hat sich allerdings auch noch diesen Zeitaufwand erspart. Sein täglicher Arbeitstag begann mit einem Dartwurf: Je nachdem, wo der Pfeil landete, entschied er, welches Produkt, Weizen, Zucker, Schweinebäuche etc., an diesem Tag verkauft werden sollte.

Im folgenden werden die wichtigsten Märkte und Produkte vorgestellt, die die Akteure des Grauen Kapitalmarkts dem Anleger bieten, um Totalverlust zu erleiden.

Japan

Mit 123 Millionen Einwohnern und einem einzigartigen Wirtschaftswachstum ist Japan ein prosperierender Finanzplatz, der große Anziehungskraft auf kleine und große Spekulanten ausübt. Einflußreiche Konzernmultis bestimmen nicht nur das Voranschreiten der Wirtschaft, sondern in zunehmendem Maß auch das politische Profil des Landes. Zwielichtige Machenschaften und das organisierte Verbrechen nehmen wie in keinem anderen Land Einfluß auf die Börsen- und Finanzwelt. In der Zeit von 1965 bis 1991 machte die Börse am Kabuto Cho mit spektakulären Gewinnen von sich reden. Renditen von mehreren hundert, ja sogar mehreren tausend Prozent waren durchaus keine Seltenheit. Doch auch im Land des Lächelns währet das Glück nicht ewiglich. 1991 gerieten die vier marktführenden japanischen Brokerhäuser in Verruf. Es konnte nachgewiesen werden, daß sie durch Manipulationen und dunkle Machenschaften die Hausse permanent vorangetrieben hatten. Kursmanipulationen im ganz großen Stil, Kompensationszahlungen an institutionelle Großanleger als Ausgleich für Kursverluste – die Kosten dafür gingen wie immer zu Lasten der Kleinanleger – Bestechungen von Politikern, einhergehend mit gezielter Parteifinanzierung, Begünstigungen einflußreicher Unternehmen und eine enge Zusammenarbeit mit der Yakuza, Nippons Mafia, konnten vor allem dem weltweit größten Brokerhaus, Nomura Securities, zum Vorwurf gemacht werden.

Abzockertrick

Führende Rollen in dieser japanischen Finanzepisode waren sicherlich nicht von deutschen Pseudo-Brokern, sondern wohl eher von den offiziellen Marktführern der Finanzwelt besetzt. Die kleinen Telefonverkäufer übernahmen indes einträgliche Rollen als Trittbrettfahrer. Auch dem deutschen Normalanleger waren die steilen Kursanstiege und die Traumrenditen der japanischen Börse mittlerweile zu Ohren gekommen, und es bedurfte keiner großen Überzeugungskraft, um unbedarfte Anleger vor diesem Hintergrund zu kapern. Vor allem Termingeschäfte standen argumentativ im Vordergrund. Der Köder war bereits durch die Medien ausgelegt, nun galt es, die Fische an Land zu ziehen. Einer dieser Fische war der Mannheimer Architekt Rainer S. Wie viele andere auch, wollte er nicht tatenlos hinten anstehen und den ganz großen Reibach an sich vorüberziehen lassen. Der Anruf eines Brokers aus der Düsseldorfer Szene, eines gewissen Dr. G., kam gerade recht. Immer wieder hatte Rainer S. von den großartigen Möglichkeiten in Fernost gehört, doch sein täglicher Zeitplan ließ ihm wenig Spielraum, sich mit der Materie intensiv auseinanderzusetzen. Die Argumentation des Anrufers schien ihm einleuchtend und nachvollziehbar. S. investierte in einem Zeitraum von fünf Monaten in Optionen auf unterschiedliche japanische Aktien. Alles schien nach Plan zu laufen. Seine Kontoauszüge, die er monatlich erhielt, wiesen einen Zuwachs von 63% aus. Insgesamt 75000 Mark überwies S. auf das Konto eines renommierten deutschen Bankhauses. Von dort, so hatte ihm Dr. G. erklärt, sollte es per Blitzüberweisung Richtung Japan fließen. Als der stolze Gewinner sein Geld inklusive erwirtschafteter Rendite zurückerstattet haben wollte, waren lediglich noch 1125 Mark auf seinem Konto. Die letzten Optionen auf den Nikkei und auf Ajinomoto, einen japanischen Chemie- und Pharmagiganten, seien angeblich in die falsche Richtung gelaufen, so mußte der Architekt erfahren.

Gemäß aller Gesetzmäßigkeit folgte auf den Höhenflug im Jahre 1987 ein jäher Absturz. Spekulanten verhielten sich zunächst im Anschluß daran vorsichtig bis zurückhaltend und brachten sich erst langsam wieder in Haussestimmung, in der Hoffnung auf eine Erholungsphase mit Tendenz zu steigenden Kursen. Dies war der Zeitpunkt für Optionsgeschäfte aller Art, und auch die Anlagehaie in deutschen Landen nutzen den ersehnten Auftrieb wieder in ihrem Sinne. In Erwartung auf den großen Deal investierten die Anleger auf Anraten der Telefonmänner wieder in Optionen des japanischen Marktes. Doch bevor der Anleger den Rahm abschöpfen konnte, hatte auch dieses Mal wieder der Anlagehai schon zu seinen Gunsten gehandelt und z.B. das Konto derart häufig gedreht, bis die Einlagesumme sich komplett in Commission verwandelt hatte. Eine in der Branche viel geachtete Strategie: aus Kundengeld eigenes Geld machen.

Hongkong

Die Hongkong-Börse ist für jeden risikofreudigen Spekulanten eine Herausforderung. Hektisches Börsentreiben und die Erwartung großer Gewinne paaren sich seit einigen Jahren mit einer beinahe hysterischen Endzeitstimmung. Die Golden boys, junge erfolgreiche Broker, liefern sich hier tagein, tagaus heiße Schlachten um das große Geld. Beim Börsencrash von 1987 eskalierte die brodelnde Atmosphäre derart, daß sich die Börsenaufsicht gezwungen sah, das Haus zu schließen. In keinem anderen Land der Welt wäre dies denkbar.

Abzockertrick

Die selbsternannten Börsenprofis aus der deutschen Vermittlungsszene agieren auch auf diesem Markt nach altbewährtem Muster. Sobald die Börse in den einschlägigen Wirtschaftszeitungen in die Schlagzeilen gerät, springen die Strippenmänner geradezu auf den Aktien-, vorrangig jedoch auf den Optionsverkauf. Über eine windige Brokeradresse werden die jeweiligen Geschäfte abgeschlossen und dem Kunden mit einer überhöhten Gebührenabrechnung präsentiert.

Der amerikanische Wertpapiermarkt

Der amerikanische Wertpapiermarkt ist einer der schnellsten und beweglichsten Märkte der Welt. Dadurch, daß der amerikanische Markt keinen Mindestnennwert kennt, gibt es hier sehr viele leichte, d.h. niedrig notierende Werte. Das macht die Aktien schnell handelbar und auch für Kleinanleger interessant. Das System ermöglichst es, mit einem vergleichbar niedrigen Einsatz ein relativ großes Aktienpaket zu bewegen.

Die Beobachtung unzähliger Spezialwerte erfordert ein Höchstmaß an Professionalität. Selbst versierte Broker konzentrieren sich meist auf ein oder mehrere Gebiete, um Überblick, Aktualität und Präzision gewährleisten zu können. Der Börsenhai dagegen bietet eine bunte Palette verschiedenster Spekulationsmöglichkeiten an. Der Laie, der sich bei der Analyse des amerikanischen Wertpapiermarktes auf die deutschen Medien und die Informationen seines Pseudo-Brokers verlassen muß, ist besser beraten, wenn er dieses Geschäft erst gar nicht berührt. Er sollte sich in erster Linie auf Werte und Branchen beschränken, die ihm vertraut sind und ggf. an deutschen Börsenplätzen gehandelt werden. Zumindest aber sollte er die Möglichkeit haben, die Werte, die er ankauft, in den deutschen Zeitungen oder anderen Datenquellen verfolgen zu können. Damit werden Risikoverluste zwar nicht gänzlich vermieden, doch um ein Vielfaches reduziert. Das spart Geld und Nerven.

Die amerikanische Börsenaufsicht

Die amerikanische Börsenaufsichtsbehörde, SEC (Securities Exchange Commission), ist bekannt als eine der strengsten der Welt. Besonderes Augenmerk richtet sie auf den Schutz privater Investoren. Immerhin investiert jeder zweite Durchschnittsamerikaner ca. 40% seines Anlagevermögens in Aktien. Die SEC wacht über die korrekte Abwicklung der Börsengeschäfte und sieht in der Verfolgung und Ahndung von Insidergeschäften eine ihrer wichtigsten Aufgaben. Sie hat Befugnis, ihrerseits Geldstrafen zu verhängen. Jährlich werden ca. 30 solcher Delikte aufgedeckt. Auch wenn in letzter Zeit kritische Stimmen laut werden, so ist es doch allein den Mitarbeitern der amerikanischen Börsenaufsicht zu verdanken, daß einige der kriminellen Kassierer der Wall Street enttarnt und zur Strecke gebracht werden konnten. Ivan F. Boesky, einem der ganz Großen im Insiderhandel und im Arbitragegeschäft, konnte Ende der 80er Jahre das Handwerk gelegt werden. Nach Boesky kamen das Brokerhaus Drexel Burnham und der Broker Michael Milken zu Fall. Milken war einer der trickreichsten Manipulateure im Handel mit Junkbonds (Müllanleihen). Insiderwissen und Kursmanipulationen machten ihn zum reichsten Broker, den Wall Street je gesehen hat. Neben dem Vermögen Milkens nehmen sich die Altmilliardäre wie Donald Trump, Rokkefeller u.ä. wie arme Schlucker aus. Allein 1987 erreichte Milken ein Jahreseinkommen von 550 Millionen Dollar. Dank der SEC und deren Ermittlern konnte dem Golden boy in mehr als 60 Fällen Betrug nachgewiesen werden.

Doch selbst über die Erlasse der SEC wissen sich listenreiche Börsenvermittler hinwegzusetzen. Die New Yorker Niederlassung der in Deutschland umtriebigen Firma Wellshire Securities wurde bereits 1992 durch die SEC geschlossen. Seither residiert das Schwindelunternehmen nicht mehr am East River, sondern in der Mormonenstadt Salt Lake City sowie auf den börsenhaifreundlichen Bahamas. In Deutschland läßt das Haus noch immer in dreister Weise verlauten, es verfüge über einen Börsensitz an einer amerikanischen Präsenzbörse und zähle zu den Mitgliedern der NASD. Nichts davon ist wahr.

Über den Derivatemarkt, den Terminhandel, wacht die CFTC, die Commodities und Futures Trading Commission. Dieser Behörde fallen ähnliche Aufgaben zu wie der SEC. Verglichen mit den Vereinigten Staaten, sind deutsche Börsenaufsichtsinstanzen zu weitläufig und ineffektiv organisiert, denn es gibt in Deutschland keine einheitliche Börsenaufsicht. Die Börsenplätze unterstehen der Aufsicht durch Staatskommissare, die von den jeweiligen Bundesländern berufen werden. Träger der Börsen sind die Industrie- und Handelskammern oder privatrechtliche Vereine.

Der NASDAQ-Handel

Der sogenannte Over-the-Counter-Markt, OTC (deutsch: über den Schalter), ist eine Spielart des Börsengeschäftes, die es in Deutschland in dieser Ausprägung nicht gibt, aber in etwa vergleichbar mit dem Freiverkehrsmarkt ist. Der OTC-Markt ist ein genehmigter, außerbörslicher Markt zwischen Broker und Dealer. Die Kurse werden unter Aufsicht der NASD (National Association of Security Dealers) direkt zwischen den Verhandlungspartnern abgestimmt. So spricht man bei diesem drittgrößten Wertpapiermarkt der Welt, nach der NYSE (New York Stock Exchange) und Tokio, von einem Verhandlungsmarkt. Das Börsenparkett des OTC-Marktes ist der Bildschirm des Computers. Trades werden per Computer oder am Telefon im NASDAQ-System (National Association of Securities Dealers' Automated Quotation System) durchgeführt. Da die Anforderung für eine NASDAQ-Listung im Vergleich zur NYSE-Listung gering sind, können hier selbst Kleinstunternehmen notiert werden. Deshalb sollte sich jeder Anleger stets darüber im klaren sein, daß die NASDAQ-Kurse nur sehr wenig über den eigentlichen Wert einer Aktie aussagen. Zirka 20000 Titel werden insgesamt im OTC-Markt gehandelt, wenngleich nicht jeder davon einen täglichen Handel aufweist. Viele Spekulanten investieren in diese Hoffnungswerte und hegen den Traum, daß sich mit den Jahren die Firmen zu Großunternehmen oder gar Marktführern entwickeln und die Aktienkurse sich dem Aufschwung anpassen. Wer zum richtigen Zeitpunkt in Computerfirmen wie Apple Computer, Sun Microsystems oder Dell Computer investiert hat, wird besagte Traumrenditen eingestrichen haben. Und selbst Marktführer wie McDonald's haben einmal ganz klein angefangen. Wer auch langfristig den Glauben an die Aktie nicht verloren hat, wird sich heute vielleicht als reicher Mann schätzen können.

Abzockertrick

In genau diese Richtung argumentieren Börsenhaie, wenn sie NASDAQ-Werte verkaufen. Sie munkeln etwas von heißen Insiderinformationen und versprechen eine baldige Steigerung des von ihnen angepriesenen Wertes. Doch selbst der amerikanische Aktienmarkt, der zu den schnellsten Märkten der Welt zählt, braucht Zeit, wenn es um die Entwicklung und Konsolidierung einer Aktie geht.

Jede Aktie, die in Amerika börslich gehandelt wird, unterliegt einer Registrierung durch die SEC. Die Voraussetzungen für den NASDAQ-Markt sind vergleichbar gering und auch von kleinen Unternehmen und Scheinfirmen mühelos zu erfüllen. Es genügen eine Beschreibung der Geschäftstätigkeit, die Vorlage einer Bilanz sowie ein Gebührenaufwand von etwa 20000 Dollar. Deshalb sollten Anleger sich nicht beirren lassen, wenn Telefonverkäufer von Aktien sprechen, die angeblich einer SEC-Prüfung unterzogen worden sind, denn allein die Registrierung bei der SEC ist kein Gütesiegel.

NASDAQ-Werte unterliegen nicht nur der Aufsicht der SEC, sondern auch der Aufsicht der NASD. Die Unternehmen müssen hier vierteljährlich eine Bilanz vorlegen. Die aktuellen Kurse sind über das NASDAQ nachvollziehbar. Während an der NYSE ca. 2000 Werte gehandelt werden und an der AMEX immerhin noch 850 Werte, umfaßt der OTC-Markt ein Angebot von rund 20000 Aktien. Unternehmen, die sich den Notierungsbedingungen der NYSE nicht unterwerfen wollen oder können, sind hier vertreten. Das ist nicht zwangsläufig ein Makel, sollte aber Anlaß genug sein, das Angebot eines Börsenvermittlers auf Herz und Nieren zu prüfen.

Folgende Quotierungsformen gilt es im OTC-Markt zu unterscheiden:

1. Electronic Bulletin Board (EBB). Eine Quotierung kleinster Werte, die selten bis gar nicht gehandelt werden.
2. NASDAQ, das Quotierungssystem der NASD. Es umfaßt ca. 2500 Werte.
3. National Market System (NMS). Diese Aktien unterliegen einem regen Handel und können ebenso an einem der Börsenplätze gehandelt werden.

Den Brokern gehen täglich die sogenannten Pink sheets zu, ein OTC-Kursblatt mit den Ask- und Bid-Kursen sämtlicher Dealer.

Abzockertrick

NASDAQ-Werte werden in großem Umfang von deutschen Börsenvermittlern angeboten, und immer wird darauf verwiesen, daß es sich um einen gelisteten Wert handelt, der von der SEC und der NASD überprüft worden ist. Nicht selten handelt es sich dabei um Firmen, die nur zum Zweck des Aktienverkaufs gegründet worden sind und teilweise sogar zum Firmengeflecht des Vermittlers zählen.

Abzockertrick

Die Realität wird beschönigt und verbal aufbereitet, so daß der Käufer annehmen muß, es handle sich zwar um ein junges, aber profitables Unternehmen. Die Risiken, die eine Spekulation in einen solchen Wert birgt, werden gänzlich verschwiegen. Derartige Angebote heischen der Nachprüfung: Neben der Meinung des Anbieters sollte man unbedingt zusätzliche Informationen einholen.

Die Spielarten des Betrugs

Penny stocks

Das Angebot kleinerer, unbekannter Aktien zu Minimalpreisen ist auf dem amerikanischen Aktienmarkt schier endlos und unerschöpfich. Dies resultiert daraus, daß diese Aktien zu wahrhaft traumhaften Preisen von zum Teil weniger als einem halben Dollar angeboten werden können. Doch wer in solche Aktien investiert, begibt sich auf sehr dünnes Eis. Die in Deutschland durch vermittelnde Telefonverkäufer angebotenen Penny stocks entstammen entweder dem amerikanischen OTC-Handel oder der kanadischen Börse in Vancouver. Dieser Markt ist für den Kleinanleger interessant und hochspekulativ zugleich.

Beispiel:

Eine Aktie X kostet 50 Cent. Der Käufer erwirbt davon eine Stückzahl von 10000. Das entspricht einem Preis von 5000 Dollar. Bei jedem Kurssprung von nur 10 Cents verdient der Aktionär 1000 Dollar, d.h. 20% seiner Einlage.

Abzockertrick

Der Abzocker fragt den willigen Anleger nicht nach dem Betrag, den er bereit ist, zu investieren, sondern danach, wieviel er verdienen möchte.

»Mit 10000 Aktien verdienen Sie 1000 Dollar bei jedem Kurssprung, mit 100000 Aktien verdienen Sie 10000 Dollar bei jedem Kurssprung. Wieviel also, Herr ..., wollen Sie durch Ihre Anlage verdienen?«

Der Kunde erfährt natürlich nicht, daß der kleinste Kurssprung sich auf 1/32 Dollar (das sind 3,125 Cent) beläuft, und eine Kursbewegung von 10 Cent schon einer Kursexplosion gleichkäme. Abgesehen davon bewegt sich der Kurs in den meisten Fällen sowieso eher in die andere Richtung.

Nur wer seinen gesamten Kapitaleinsatz mühelos verschmerzen kann, sollte diesen Pfad beschreiten.

Der Emissionspreis der Penny stocks wird von mindestens einer Investmentbank festgelegt. Je nach der Menge des täglich bewegten Aktienvolumens können Notierungen über das NASDAQ oder das Electronic Bulletin Board nachvollzogen werden. In Amerika ist die Aktienemission vor allem für Kleinunternehmen eine gängige Methode der Kapitalbeschaffung. Deutsche Wertpapiervermittler betreiben damit jedoch in erster Linie Kapitalvernichtung.

Penny stocks bergen in sich bereits ein sehr hohes Risiko. Die Spanne, der sogenannte Spread, zwischen Ankauf (ask) und Verkauf (bid) kann in Extremfällen bis zu 70% betragen. D.h., will der Anleger seine Papiere aus welchen Gründen auch immer wieder abstoßen, muß er, bedingt durch den spread, teilweise gewaltige Verluste hinnehmen.

Abzockertrick

Dem Vermittler kommt diese Besonderheit der Pfennigaktien sehr zupasse, denn er kauft für seine Zwecke größere Aktienpakete direkt bei einem amerikanischen Broker, direkt bei dem Unternehmen oder einer Investmentbank, die als Marketmaker fungiert. Das gibt dem Vermittlungshai die Möglichkeit, Sonderpreise auszuhandeln, die nicht selten dem Verkaufspreis (bid) entsprechen oder diesen sogar unterschreiten. Der deutsche Käufer hingegen zahlt einen Preis, der einem Vielfachen des Kurses gleichkommt. Zu diesen Abzokkern gehört u.a. die Firma Wellshire Securities mit Sitz in München und Düsseldorf. Obwohl schon mehrfach in den Medien auf die äußerst fragwürdigen Geschäftspraktiken dieses Unternehmens hingewiesen wurde, geht Wellshire mit ca. 60 Mitarbeitern weiter auf Kundenfang. Die listenreichen Telefonverkäufer verkaufen OTC-Aktien zu Phantasiepreisen. Aberwitzige Versprechungen und Aussagen, die in keiner Weise mit der Realität übereinstimmen, sind Grundlage der Verkaufstaktik. Die angepriesenen Wunderaktien wie Great Western Asset Group Inc., Sunray Minerals, Cytozyme Laboratories Inc. oder Nycal Inc. notieren in realitas meist unter einem Dollar, werden dem Kunden jedoch zu Preisen zwischen 5 und 30 Dollar pro Aktie angeboten. Die Differenz teilen sich Verkäufer und Hintermänner. Die Gesellschaften, nicht selten im beliebten US-Staat Delaware ins Leben gerufen, existieren zum größten Teil nur auf dem Papier. Hochdotierte Führungspositionen werden von den Mitarbeitern und Drahtziehern der Wellshire Securities bekleidet, ein Trick, der so alt ist wie die Branche. Angeblich arbeitet die deutsche GmbH in enger Zusammenarbeit mit einer amerikanischen Investmentbank. Alle Versuche, dieses angeblich seriöse und alteingesessene Haus ausfindig zu machen, sind bisher gescheitert, und es drängt sich der Schluß auf, daß die Bank ausschließlich in der Werbung des Hauses existiert. Das Beispiel Wellshire steht stellvertretend für hunderte anderer Vermittlungsbüros, die den Anleger mit dieser und vergleichbaren Taktiken aussaugen.

Der Verkauf von Penny stocks ist ein wahrer Dauerbrenner auf dem Grauen Kapitalmarkt, und das Geschäft mit der Dummheit der Anleger floriert seit vielen Jahren. Im Jahre 1990 wurde u.a. ein Verfahren gegen die Firma Intercontinental Brokerage GmbH (ICB) eröffnet. Die Fäden erstreckten sich über die Schweiz bis nach Las Vegas. Gewinnversprechungen von 50% in sechs Monaten bescherten zahllosen Anlegern nichts anderes als den branchenüblichen Totalverlust. Verkauft wurden zweifelhafte Neuemissionen verschiedenster OTC-Werte und Blind Pools aus dem Technologiebereich.

Ganz groß im Penny-stock-Geschäft war bis Anfang der 90er Jahre die Firma Blinder International Enterprises GmbH, vormals Blinder, Robinson & Co. GmbH. Stammhaus war das gleichnamige Brokerhaus Blinder, Robinson & Co. Inc. in Colorado. Dieses fungierte zugleich als Market Maker für alle zum Verkauf angebotenen OTC-Werte und konnte zum eigenen Vorteil an der Kursschraube drehen. Zu den rund 40 Telefonverkäufern zählen der Justiz hinlänglich bekannte Personen wie Hans Joachim Moog, Erich Holderer, Dietmar Teubner, der ehemalige Geschäftsführer der Quinn-Firma Chartwell Securities, sowie Alf Reimann, der in Zusammenhang mit seinen WTG-Aktivitäten wegen Betrugs bereits verurteilt worden war. Die Blinder International warb mit ihrem imposanten Stammsitz in den USA, dem Blinder Building, als dieses bereits unter den Hammer gekommen war. Über Jahre hinweg war Blinder Marktführer unter den Penny-Stock-Betrügern. Das Angebot war vielfältig, doch kaum spektakulär. Vector, eine Automobilaktie zu 20 Cent, die sich in kürzester Zeit zur Kursrakete entwickeln sollte, gehörte ebenso dazu wie Trudy, ein Hersteller von Stofftieren, der laut Aussage der Blinderbetrüger vor einer Kooperation mit Coca-Cola stand, doch dann ohne viel Aufhebens in der Versenkung verschwand. Einige der von Blinder vertickten (Branchenjargon für verkaufen) Aktien dümpeln noch heute in den Kundendepots der Nachfolgefirma des Abzockerhauses.

Die desolate Situation, die während des Zusammenbruchs innerhalb der Blindergeschäftsführung vorherrschte, nutzte Erich Holderer (Holdi), um sich von der Firma abzusetzen und eigene betrügerische Ideen zu entwickeln, die er noch heute par excellence praktiziert. Das Prinzip des Hauses hielt er vorerst bei: Verkauf von Penny Stocks. Nicht immer existierten die Unternehmen, deren Aktien er feilbot, tatsächlich: Ein Beispiel unter vielen ist Quantum Health Corp., ein Pharmaunternehmen, das angeblich vor der bahnbrechenden Markteinführung eines revolutionären Aidsmittels stand. Nicht nur das Mittel ist Experten gänzlich unbekannt, sondern auch die Firma entbehrt jeder offiziellen Registrierung.

Das Geschäft mit den Penny stocks treibt zum Teil absonderliche Blüten. So konnten Anleger z.B. Beteiligungen an der Lima-Schatz-Costa-Rica-Expedition erwerben und darauf hoffen, daß die Gesellschaft die versunkene Beute des englischen Abenteurers und Seefahrers Sir Francis Drake hebt. Doch nicht nur vom Schatz, sondern auch von der Firma, die mit diesem Angebot etliche Anleger anzulocken vermochte, fehlt bis heute jede Spur. Wer dieser Tage in ähnliche Projekte investieren möchte, dem seien Titanic-Aktien empfohlen. Um dieses noch immer publikumswirksame Debakel hat sich vor einigen Jahren eine kleine Gesellschaft formiert, die Tauchaktionen zum versunkenen Schiffswrack und anschließende Ausstellungen der gefundenen Objekte organisiert. Allerdings, das sei hinzugefügt, kann aus Sicherheitsgründen nicht in dem Wrack selbst getaucht werden, sondern ausschließlich in dem mehrere Meter umfassenden Zwischenraum des zerborstenen Schiffsrumpfes. Entsprechend karg fallen die Funde aus. Das Unternehmen finanziert sich über die Ausgabe von Penny Stocks, und es bleibt abzuwarten, ob die Billigaktien weiterhin dem Kurs der Titanic folgen oder das große Geld bescheren. Bisher jedenfalls konnte man es mit einer Investition in diesen Wert auf stolze 90% Verlust bringen.

Nicht nur obskure Vermittler, sondern auch namhafte Banken sind mit von der Partie, wenn es darum geht, dem Anleger per Telefon das Geld aus der Tasche zu schwatzen. Neben einigen luxemburgischen Banken, die bei Düsseldorfer Vermittlern Penny stocks billig einkaufen, dem Anleger aber für teures Geld in ihre Depots und Fonds buchen, hat – wie bereits erwähnt – die Bayerische Vereinsbank ihr abzockerisches Talent unter Beweis gestellt. Über ihre Schweizer Tochter, die WPZ, partizipierte das Bankhaus an dubiosen Geschäften mit amerikanischen Billigaktien. Jürg Walker, einer der Wertpapierberater, nahm eine Schlüsselposition bei den Transaktionen ein. Das Funktionsprinzip seiner Machenschaften unterschied sich in keinem Punkt von solchen windiger Anlagevermittler. In engster Kooperation mit einigen Großspekulanten und der SEC hinlänglich bekannten Finanzjongleuren wurden Nebenwerte in die Höhe getrieben. War das oberste Limit erreicht, verabschiedete sich das Spekulantenteam aus dem Wert.

Die Gewinne, die dabei für den trunksüchtigen Berater abfielen, waren enorm. Bis auf 50 % belief sich nämlich der Anteil der Provisionsforderungen an den Kundengeldern. Fast ein Jahr hat es gedauert, bis Ermittlungsbehörden dem Treiben ein Ende bereiten konnten, und die SEC den Handel der manipulierten Aktien aussetzte. Genau das gleiche Prinzip wird von deutschen Vermittlern mit großem Erfolg für die Macher praktiziert.

Regulation S

Ein amerikanisches Börsengesetz, die sogenannte Regulation S, erlaubt es Unternehmen, Kapitalerhöhungen durch zusätzliche Aktienemissionen durchzuführen. Die Besonderheit besteht darin, daß diese Aktien ausschließlich für den außeramerikanischen Markt bestimmt sind. Beim Kauf verpflichten sich die Käufer, die Werte vor Ablauf einer 40tägigen Frist nicht zu veräußern, d.h. innerhalb dieser Zeit ist den Werten eine absolute Verkaufssperre auferlegt. Die Frist beginnt mit dem Tag, an dem das gesamte Aktienpaket seitens des Vermittlers bezahlt werden kann. Naturgemäß tritt dieser Fall erst ein, wenn alle Aktien verhökert worden sind. Für den Kunden also, der sich als erster zu dem glücklichen Aktionären zählen durfte, verlängert sich die Verkaufssperre exakt um diese Zeit, die sich hier und da schon mal auf mehrere Wochen belaufen kann. Wer innerhalb dieser Zeit beginnt, an der Substanz des Hoffnungswertes zu zweifeln und einen Verkauf in Betracht zieht, wird sich mit einer mehr oder weniger gut aufbereiteten Lüge zufrieden geben müssen:

»Die aktuelle Marktsituation erlaubt derzeit keine Verkäufe, da keine Nachfrage vorhanden ist.«

Oder:

»In Kürze wird die Firma positive Nachrichten herausgeben, die eine Kurssteigerung zur Folge haben werden. Solange sollten Sie unbedingt mit dem Verkauf warten.«

Die Aktien sind ausnahmslos für den Verkauf in Übersee bestimmt und dürfen nur an Nichtamerikaner verkauft werden.

Sie unterliegen nicht den Bestimmungen der amerikanischen Börsenbehörde. Für die Börsenhaie ist dieser Umstand höchst erfreulich, da sie schamlos die Ankaufspreise in die Höhe treiben können. Ein Reg S, wie die Branche es nennt, das nicht mindestens 50% Commission bringt, ist eine Suppe, der das Salz fehlt. Für die Kunden sind die Folgen verhängnisvoll, denn die Aussichten auf einen Gewinn sind fast immer gleich null, und mit dem Kaufabschluß ist das Minusgeschäft unwiederruflich besiegelt. Die Branche selbst bezeichnet solche Aktien als Seuchen- oder GOW-(Geld ohne Wiederkehr)Papiere.

Abzockertrick

Der am häufigsten praktizierte Trick liegt in den unrealistischen Preisen dieser Werte. Da das amerikanische Börsengesetz nicht greift und deutschen Ermittlern ebenfalls die Hände gebunden sind oder sie die üblen Machenschaften nicht beweisen können, bewegen sich die Börsenhaie auf einem sicheren und ertragreichen Boden. Die Kunden, die so gut wie nie erfahren, welcher Art die gekauften Aktien eigentlich sind, werden mit den üblichen überwältigenden Verkaufsstories heiß gemacht. Die Verkäufer schwärmen von prosperierenden Branchen und phantastischen Aussichten für die zukünftige Entwicklung. Wahr ist davon meist kein einziges Wort. Die sechzigköpfige Verkaufsmannschaft einer Quinn-Firma verkaufte seinerzeit Aktien einer Vanguard Financial Inc., die kurz vor der Übernahme durch einen amerikanischen Pharmagiganten stehen sollte – ein Argument, das in Abzokkerkreisen heute noch täglich zu hören ist. Die geforderten Verkaufspreise der Aktie bewegten sich zwischen 3 und 7 Dollar; die tatsächliche Notierung jedoch lag bei 10 Cents.

Vermittlungsbüros, die ihre Konten über den Verkauf von Reg-S-Werten füllen, haben mindestens einen Hintermann, wenn nicht gar eine gut funktionierende Hintergrundorganisation, die in Amerika für die Beschaffung dieser Aktien verantwortlich ist. Für Quinn agierte ein gewisser Kurt Meyer.

Die Herren Meyer klopfen täglich an Türen maroder amerikanischer Kleinunternehmen und unterbreiten den Verantwortlichen die Methode der Regulation S als Quelle für zusätzliches Kapital. Zu den ganz besonderen Schnäppchen zählen Aktien, die einst hoch im Kurs standen, nun aber in untersten Regionen ihr Dasein fristen. Sofern dies mit einer kranken Finanzpolitik der dahinterstehenden Firma in Verbindung steht, werden sie die Möglichkeit der Kapitalbeschaffung über eine zusätzliche Aktienemission gerne wahrnehmen. In eine überwältigende Verkaufsstory eingebunden, können die faulen Aktien in Deutschland als sogenannte Turn-around-Werte (Aktien, die charttechnisch betrachtet vor einer Kursänderung stehen) verkauft werden.

Abzockertrick

Wer es sich leisten kann, hält sich seinen eigenen Firmengründer im Land der unbegrenzten Möglichkeiten. Mit tatkräftiger und vor allem finanzieller Unterstützung des deutschen Vermittlers gründet er eine oder gleich mehrere Firmen. Abhängig davon, wieviel Kapital und unternehmerisches Geschick in diese Firmen investiert werden, kann es durchaus vorkommen, daß sie sich eine Weile, d. h. bis zu zwei, in Ausnahmefällen auch drei Jahren, über Wasser halten. Teilweise kann es vorkommen, daß die diversen Firmengründer in den deutschen Vermittlungsbüros auf regelrechte Promotion-Tour gehen. Dabei werden den Verkäufern, die im Normalfall die Zusammenhänge nicht kennen, ausführlich und in den schillerndsten Farben die Firmenziele dargelegt. Das fördert die Verkaufsmotivation und damit die Umsätze. Bei real existierenden Firmen verfügen die deutschen Vermittler über entsprechendes Insiderwissen, das sie schamlos ausnutzen. Dies oder die Auswirkungen gezielter Kursmanipulationen beeindrucken viele Angerufene, die, von der Kompetenz des anderen überzeugt, schnell zu einem Abschluß bereit sind.

Abzockertrick

Kunden, die schwer zu überzeugen sind, werden mit einem einfachen Trick in den Bann der Börsenhaie gezogen. Da der Ankaufspreis der Regulation-S-Aktien weit unterhalb der tatsächlichen Kursnotierung liegt, lassen sich auf dem Papier ganz einfach Gewinne ausweisen. Der Anrufer verzichtet im erstem Schritt auf die gesamte Commissionbreite, verkauft dem Kunden die Aktie unterhalb des Kurses und kann einen Gewinn von einigen Prozent in kürzester Zeit vorführen. Die verschenkte Commission wird er sich selbstverständlich im nächsten Geschäft zurückholen, denn dann wird die Aktie (aus Commission-Gründen) in die Höhe geschnellt sein.

Blind pools

Wer in einen Blind pool investiert, schenkt blindes Vertrauen. Er verläßt sich ausnahmslos und ohne Kontrollmöglichkeiten auf die Versprechungen und das vermeintliche Spekulationsgeschick eines Vermittlers. Weder aus den Werbeprospekten noch aus den Vertragsunterlagen wird hervorgehen, welche Firmen dem Pool zugehörig sind, teilweise werden nicht einmal die zur Spekulation auserkorenen Branchen genannt. Sollte es wider Erwarten doch einmal der Fall sein, wird es sich bei näherer Prüfung um Schwindelfirmen und Luftgeschäfte handeln. Weniger noch erfahren die Anleger darüber, wer hinter den Investitionsentscheidungen des Blind pools steht. Sie verlassen sich auf die schönen Worte krimineller Geldeinsammler, ohne die geringste Ahnung zu haben, wer für die strategischen Anlageentscheidungen zuständig ist. Eine solche Konstellation erleichtert dem Betrüger das Verschwinden mitsamt seiner Beute. Praktiziert haben die Börsenhaie diese Beispiele schon hundertfach. 20% Rendite stellten die Telefonverkäufer des Lutz Pilling in nur drei Monaten in Aussicht. Weaver Arms II Blind Pool der ICB (Intercontinental Brokerage GmbH) ist ein mittlerweile medienbekanntes Beispiel.

Auch hier gelang es den Initiatoren einmal mehr, fette Beute zu machen. Pilling und seine Mitarbeiter sammelten schätzungsweise 500 Millionen von ihren gutgläubigen Kunden. Nachdem die ersehnten Gewinne außer Sicht blieben, wurden die ersten Anleger skeptisch und leiteten rechtliche Schritte gegen das Geldsammelunternehmen ein. Doch die Betrüger waren wie so oft schneller: Als die Staatsanwaltschaft auftauchte, schloß Pille die Räume seines Vermittlungsbüros in der Nähe der Düsseldorfer Kö und kehrte Deutschland bis heute den Rücken.

Nach dem gleichen Muster, allerdings etwas weniger erfolgreich, ging die Würzburger Aktiengesellschaft für Vermögensbeteiligungen und Verwaltung (WAG) vor. Sie sammelte für einen Blind pool immerhin noch 100 Millionen Mark. Und wieder blieben zigtausende von Anlegern auf der Strecke.

Geschäftsbeteiligungen

Der Anleger wird mit seiner Einlage zum stillen Teilhaber einer zweifelhaften Gesellschaft. Seine Rechtsposition schließt eine Einflußnahme auf die Geschäftstätigkeit aus, gleichzeitig wird er bei Verlust nicht haftbar gemacht. Anders verhält es sich mit dem atypischen stillen Gesellschafter, der stets in Höhe der an ihn gezahlten Gewinnausschüttungen haften muß. Hinter Projekten dieser Art stehen windige Gauner, die das schnelle Geld machen wollen. Vermeintlich innovative Geschäftsideen und neuartige Produkte sollen sich am Markt durchsetzen und ihren Platz behaupten und so den Investor binnen kürzester Zeit zum reichen Mann machen. Von Beteiligungen an Jojoba-Plantagen, unbekannten Golfplätzen in Fernost, geplanten Spielkasinos in Indianerreservaten, verworrenen Helikoptergeschäften in den GUS-Staaten, Beteiligungen an noch nicht erschlossenen Diamantminen in Chile bis zu Filmprojekten ist für jeden Anlegergeschmack etwas dabei. Auch Bernie Cornfeld plante noch bis kurz vor seinem Tod im Jahre 1995 einen ähnlichen Feldzug und machte wieder einmal von sich reden, als es hieß, er wolle seine Lebensgeschichte auf Zelluloid bannen und in die Kinos bringen.

Mit innovativen Ideen geht seit 1994 Max Peter von Lepel auf Geldfang. Ein Produkt, das ausschließlich im Direktvertrieb an den Kunden gebracht wird, verheißt dem adligen Finanzmann und seinen Anlegern schnelle Renditen, so lautet zumindest eine Prospektaussage Lepels. Doch zunächst muß der Anleger in die eigene Tasche greifen: Ab 5000 Mark und 16% Gebühr kann man Anteilseigner werden.

Eine Hamburger Gruppe mit dem Namen Euro Energie sucht in regelmäßigen Abständen per Anzeige stille Gesellschafter, die sich an einer Hanseatischen AG (HAG) beteiligen. Diese will an der Sanierung baufälliger Kernkraftwerke in Osteuropa mitverdienen und den Investoren außergewöhnliche Gewinne bringen.

Ein weiteres dreistes Angebot kommt aus dem nordrhein-westfälischen Oberhausen: Eine Firma, die bisher mit Termingeschäften mehr schlecht als recht jongliert hat, bietet Beteiligungsmöglichkeiten an einem noch nicht existierenden Unternehmen. Auf mehreren schreibmaschinenbetippten, losen Blättern ergeht sich der einzige Mitarbeiter, ein geschäftsführender Generaldirektor, in orthographischen und grammatikalischen Ausfällen über die Situation der Müllentsorgung in Deutschland, »... weil real nichtsgreifbares vorlag, was die Müllexplosion Einhalt bieten konnte.« Dafür hat die Firma eine bahnbrechende Lösung: eine doppelte, vakuumgefüllte Warenumverpackung aus Folie. Was dies mit der Müllentsorgung zu tun hat, erfährt der Interessierte leider nicht. Als Ausgleich für die mangelnde Logik liegt dem Angebot die Kopie einer Patenturkunde und das Versprechen einer notariellen Beglaubigung der Einlagesumme bei.

Die Idee, über Firmenbeteiligungen Gutgläubige zu übervorteilen, rief 1993 das justizbekannte Abzockerduo Erich Holderer und Horst Gaudian auf den Plan. 30 Millionen Mark wollten die beiden für ein Immobilienprojekt im ehemaligen Königsberg einsammeln. Doch die von Holdi gegründete Vermittlungsgesellschaft, IFK, mußte frühzeitig Konkurs anmelden.

Auch und vor allem in den neuen Bundesländern blüht das Geschäft mit stillen Beteiligungen. Diese sind meistens als langfristige und hochrentable Sparverträge getarnt. Mit monatlichen Kleinbeträgen zwischen 50 und 100 Mark beteiligt sich der Sparer ohne sein Wissen an einer betrügerischen Firma oder einem Blind pool. Versprochen wird auch hier ein gigantischer Gewinnzuwachs: Nach z.B. dreijähriger Sparzeit, so gaukeln Hochglanzprospekte und vertrauenerweckende Telefonstimmen ihren Opfern vor, kämen ca. 30000 Mark zur Auszahlung. Diese unglaubliche Rendite macht viele Anleger blind. Vor allem solche Menschen, die in jeder Hinsicht durch das Netz des Sozialstaates fallen und am Existenzminimum darben, sehen hierin eine Chance, ihrer finanziellen Misere in der Zukunft beizukommen, und sparen sich die monatlichen Beiträge unter größtem Aufwand von der täglichen Lebensration ab. Auf diesen Erwerbszweig hat sich seit dem Fall der Mauer u.a. die Göttinger WiRe Verlagsgesellschaft für Wirtschaft, Recht und Steuern mbH festgelegt und mittlerweile Beträge in zweistelliger Millionenhöhe erbeuten können.

Abzockertrick

Ein Abzockertrick erster Klasse hatte das Haus Von Behr & Partner aus Düsseldorf ersonnen. Die Strippenmänner des Hauses boten 40% Rendite durch Syndikatsbeteiligungen. Nähere Informationen konnten per Abo in einem mehrseitigen Pamphlet zum Thema nachgelesen werden. Abopreis: 2500 Dollar. Ein Mitarbeiter des Hauses, zu diesem Produkt befragt, bescheinigte die Seriosität der Anlage, denn immerhin blieben die Anleger bis zu einem Jahr im Markt.

Venture capital

Unter diesem Label werden Beteiligungen oder auch Aktien zu Phantasiepreisen angeboten. Die kleinen, jungen Gesellschaften, die ihren Sitz im außereuropäischen Ausland haben, sind an keiner Börse amtlich notiert, also kann der Anleger Kurse ausschließlich über den Anbieter erfahren und ist diesem bedingungslos ausgeliefert.

Klassische Aktienwerte

Unter diesen Begriff fallen Aktien, die an den traditionellen Börsenplätzen gehandelt werden und dort gelistet sind. Einer Investition in eine klassische Aktie des US-Marktes wird sicherlich kein Garantieschein mitgeliefert, und das Risiko der Spekulation kann auch hier zuweilen mit großen Verlusten enden. Man denke nur an den Preisverfall der Woolworth-Aktie im Jahre 93/94: Aufgrund von Querelen im Management zogen sich viele Anleger aus dem Wert zurück und der Kurs fiel innerhalb kürzester Zeit ins Bodenlose. Oder der Kursverfall der Aktie US-Surgical, eines führenden Herstellers chirurgischer Instrumente: Mit Notierungen um die 120 Dollar war US-Surgical noch vor wenigen Jahren einer der Favoriten an Wall Street. 1994 bewegte sich der Kurs, nachdem die Firma mehrere Rechtsstreitigkeiten zu Patentfragen hinter sich gebracht hatte, nur noch zwischen 16 und 20 Dollar. Im Gegensatz zu OTC-Aktien müssen die an klassischen Börsen notierten Werte konkrete Bedingungen erfüllen. Die wichtigsten Voraussetzungen für eine Listung an der NYSE lauten:

- Die Aktiengesellschaft muß vierteljährliche eine Bilanz veröffentlichen.
- 1,1 Millionen Aktien müssen unter mindestens 2000 Aktionären verteilt sein (round-lot owners).
- Ein jährlicher Reingewinn von 2,5 US-Dollar vor Steuer muß nachgewiesen werden können.
- Der Marktwert des Unternehmens muß mindestens 18 Millionen Dollar betragen.
- Die Gesellschaft muß nationales Interesse an ihren Produkten bzw. ihrer Dienstleistung nachweisen können.

Abzockertrick

Der Kunde wird im Erstgeschäft mit einem NYSE-Wert oder Blue chip (Dow-Jones -Wert) geködert. Der Verkäufer verfolgt damit die Absicht, Vertrauen und Seriosität unter Beweis zu stellen. Auch dem vorsichtigen Anleger sind Namen wie

Boeing, McDonald's, Philip Morris, Merck, Coca-Cola, Procter & Gamble oder Eastman Kodac ein Begriff, und er läßt sich schnell überzeugen, daß solche Werte auch Garanten für langfristig gute und sichere Renditen sind. Das tragende Verkaufsargument ist Sicherheit. Einige Vermittler berechnen für das Erstgeschäft sogar nur banktübliche Konditionen. Diese können jedoch innerhalb der Verkaufsmannschaft eines Hauses erheblich differieren. Je nachdem, wie der Verkäufer seine Verkaufstaktik ausrichtet, kommen Gebühren von 1 bis 5% der Einstiegssumme, manchmal auch eine Gebührenpauschale von 100 bis 150 Dollar jeweils bei An- und Verkauf, zum Tragen. Das Gespräch hört sich dann etwa so an:

»Ich lebe von den Gewinnen meiner Kunden und deshalb werde ich mich nicht auf Risikospekulationen einlassen. Wenn ich Ihnen einen Nettogewinn von 1% einfahre, und das zwölfmal im Jahr, dann sind das auch 12% – und zwar auf der sicheren Seite. Welche Bank kann Ihnen das bieten?«

Abzockertrick

Nachdem der Kunde angebissen hat und sich in guten Händen fühlt, werden ihm nach und nach OTC-Aktien, an denen der Verkäufer mehr verdienen kann, als die übliche Gebührenordnung zuläßt, in sein Konto geschoben. Der Kunde ist durch diesen Handgriff seinem Vermittler auf Gedeih und Verderb ausgeliefert, denn es wird ihm zunächst nicht in den Sinn kommen, an der Seriosität des telefonischen Vermittlungsgeschäftes zu zweifeln. Abhängig von seinem Geldbedarf und den Provisionsmöglichkeiten bei Reg-S oder Pennystock-Aktien, wird der Börsenhai nun sukzessiv das Geld des Kunden vernichten. Der Verkäufer, der einen großen Kundenstamm verwaltet, wird es sich vielleicht leisten können, das Depot seines Neukunden für einen vergleichbaren langen Zeitraum aufrechtzuerhalten, und so den Eindruck der sauberen Kontoverwaltung länger wahren. Doch auch hier steht nur eines im Vordergrund: der eigene Profit. Von der Commission-

Gier getrieben, wird er dem arglosen Kunden honorarträchtige Werte ins Depot buchen. Diese Spielart des Totalverlustes bezeichnet die Branche als »vornehmen Tod«, sie unterscheidet sich jedoch in nichts von anderen Betrugsmaschen.

Abzockertrick

Das Depot wird ohne Zustimmung des Kunden teilweise bis zu zehnmal im Monat umgeschichtet, damit regelmäßig für den Möchtegern-Broker Kommissionen abfallen. Dies geht so lange gut, bis das Kundengeld sich allein dadurch erschöpft hat. Dieser Trick ist neben den kriminellen Pseudo-Brokern auch renommierten Brokerhäusern bestens bekannt und wird gern praktiziert.

Derivate

Der Handel mit den sogenannten Derivaten ist ein gewaltiger Markt. Die Produktpalette ist reichhaltig und vielversprechend. Vom Optionsschein bis zu hochspekulativen Derivatefonds kann der Anleger auf die Bewegung von Indizes, Währungen, Zinsen oder Aktien hoffen und wetten. Spekuliert er in diesem Bereich mit seinem Gesamtvermögen, sind die Folgen oft katastrophal. So manch ein Spekulant hat sich durch die derivativen Finanzinstrumente schon um seine Existenz gebracht und in ein finanzielles Fiasko hineinmanövriert. Neben Privatanlegern suchen auch institutionelle Anleger bei dieser Variante der Spekulation ihr Glück. Beispiele der Verliererseite sind u.a. die Colonia Versicherung, die Metallgesellschaft und die Balsam AG. Die Colonia spekulierte in Zinsoptionen und verlor damit Millionen, der mittelständische Sportbodenhersteller, die Balsam AG, stieg direkt bei 40 Banken in das Termingeschäft ein. Bei einem Umsatz von 460 Millionen Mark bewegte die AG in der Spitze ein Spekulationsvolumen von 14 Milliarden Mark. Der Schwerpunkt lag auf Devisenterminkontrakten. Nachdem die Bilanz rückläufig wurde und betrügerische Machenschaften dies noch förderten, konnte das Unternehmen seinen Verpflichtungen, die aus den Kontrakten resultierten, nicht mehr nachkommen.

Viele amerikanische Brokerhäuser behalten es sich aufgrund des immensen Risikos vor, Termingeschäfte ausschließlich mit Vollkaufleuten zu tätigen. Die Mindesteinlage beläuft sich auf 100000 Dollar pro Jahr. Die besten Jahrgänge haben dem Derivatemarkt um die 60% Rendite erbringen können; doch steht dem immer das Risiko des Totalverlustes entgegen. Die Liste der Verlierer ist endlos: Jeweils 150 Millionen Dollar mußten Procter & Gamble und das britische Pharmaunternehmen Glaxo Holdings einbüßen. Renommierte US-Bankhäuser, die es eigentlich besser wissen müßten, wie Paine Webber, Kidder Peabody oder BankAmerica, mußten Verluste in vergleichbaren Größenordnungen hinnehmen. Obwohl allgemein bekannt ist, daß die Verliererquote bei 80% liegt, blüht das Geschäft mit den Derivaten. Besonders während der letzten Jahre konnte der Handel einen steilen Anstieg verzeichnen. In der Zeit von 1990 bis 1994 hat sich weltweit die Verlustquote versechsfacht. Waren es 1990 noch 1,65 Milliarden US-Dollar, die verspekuliert wurden, so näherte sich 1994 die Marke der Zehnmilliardengrenze. Das Risiko der Spekulation liegt in der hohen Wahrscheinlichkeit des Totalverlustes und der oft fällig werdenden Nachschüsse. Im Vergleich zum Aktienmarkt fließt mittlerweile ungefähr die dreifache Summe in den Handel mit Derivaten. Kritiker sehen hierin große Gefahren, nicht nur für den Anleger selbst, sondern auch für die Finanzsysteme schlechthin. Es werden Stimmen laut, die einen weltweiten Dominoeffekt, ausgelöst durch den Derivatemarkt, befürchten und einen Kollaps der Finanzsysteme prognostizieren. Vorsichtige Experten warnen davor, den Portfolio-Anteil an diesen Spekulationen 15% des Gesamtwertes übersteigen zu lassen.

Abzockertrick

Die Abzockerbuden (Branchenjargon) achten weniger auf marktgerechte Analysen und kundenorientierte Anlagestrategien als auf den eigenen Vorteil. Die Produktauswahl richtet sich einzig nach einer möglichst breit angelegten Käuferakzeptanz für die Anlageform. Dabei werden vorrangig Artikel aus dem Handelsblatt und diversen Börsenfachzeitschriften ausgewertet. Gemessen an den thematischen Schwerpunkten werden die Börsenhaie ihr Angebot formulieren. Die Talfahrt des US-Dollars eignete sich vorzüglich für Dollar-Optionen. In Krisenzeiten sind Edelmetall-Optionen der Renner, und der Höhenflug des Dow Jones Index ist ein erstklassiges Verkaufsargument für eine S & P-(Standard and Poor's) Option. Letztendlich geht es den Vermittlern nur um den Verkauf. Was, das ist gleichgültig, denn durch die völlig überzogenen Gebühren und die Hohe Schule des Gebührenschneidens ist der Verkäufer sich seines Gewinns immer gewiß.

Optionen

Mit einer Option (lat. optio, das Recht zu wünschen) erwirbt ein Käufer das Recht, nicht die Verpflichtung, etwas innerhalb eines bestimmten Zeitraumes zu kaufen (Call-Option) oder zu verkaufen (Put-Option). Fast alle Aktienoptionen umfassen eine Anzahl von mindestens 100 Papieren pro Call oder Put. Das Optionsgeschäft vollzieht sich zwischen Käufer und Stillhalter (auch Aussteller genannt). Dieser übernimmt den passiven Part, denn er wartet ab, bis bzw. ob sein Vertragspartner das erworbene Optionsrecht ausübt. Dafür erhält er vom Optionskäufer die sogenannte Prämie. Stillhalter und Käufer haben eine prinzipiell unterschiedliche Einschätzung hinsichtlich der Preisentwicklung einer bestimmten Aktie. Grundsätzlich erwartet der Stillhalter im Gegensatz zum Optionskäufer eine geringer ausfallende Kursbewegung. Das Stillhaltergeschäft, so die Spekulation des Ausstellers, bietet Schutz gegen Kursverfall, stellt also eine Absicherung bereits vorhandener Aktienpakete dar und kann dem Portfolio zusätzliche Renditen einbringen. Entwickelt sich der Kurs allerdings entgegen seiner Spekulation, ist der Stillhalter gezwungen, dem Käufer der Option die Aktien zum vereinbarten Preis zu liefern, unabhängig davon, wie der aktuelle Kurs an der Börse notiert. Man unterscheidet zwei Arten von Optionsgeschäften.

1. Kaufoption oder Call

Der Käufer der Option erwartet steigende Kurse über den Basispreis hinaus. Mit dem Kauf einer Option sichert er sich das Recht (nicht die Verpflichtung), ein Aktienpaket innerhalb eines bestimmten Zeitraumes zu einem im voraus festgelegten Preis zu kaufen.

Beispiel:

Die Kaufoption gibt ihrem Käufer das Recht, eine Aktie bei 30 Dollar zu kaufen. Der Käufer geht von steigenden Kursen aus, ist also Haussier. Innerhalb der vereinbarten Optionfrist wird dieser Wert bei 33 Dollar an der Börse gehandelt. Der Käufer macht Gebrauch von seinem Optionsrecht, erwirbt die Aktien zum vereinbarten Preis von 30 Dollar bei seinem Vertragspartner und verkauft sie in gleichem Atemzug für 33 Dollar auf dem Markt. Die Differenz (abzüglich aller Gebühren) ist sein Profit. Der Vertragspartner, der von fallenden Kursen ausgegangen war, ist verpflichtet, die Aktien zum vereinbarten Preis zu verkaufen, auch wenn dieser Preis unterhalb des offiziellen Handelspreises liegt.

2. Verkaufsoption oder Put

Der Optionsverkäufer ist Baissier, geht also von fallenden Kursen aus und sichert sich das Recht, die Optionspapiere innerhalb der Optionsfrist an den Stillhalter zu verkaufen.

Beispiel:

Die Verkaufsoption gibt ihrem Käufer das Recht, eine Aktie bei einem Basispreis von 30 Dollar zu verkaufen. Innerhalb der vereinbarten Optionsfrist wird dieser Wert nur noch bei 25 Dollar an der Börse gehandelt. Der Optionsinhaber übt sein Optionsrecht aus, erwirbt die Aktien zu 25 Dollar an der Börse und verkauft sie zum vereinbarten Preis von 30 Dollar an seinen Vertragspartner. Das bedeutet 5 Dollar Gewinn pro Aktie (abzüglich aller anfallenden Gebühren).

Die Laufzeit einer Option beträgt im Normalfall maximal neun Monate. Der jeweils letzte Tag der Laufzeit ist börsenrechtlich festgelegt, d.h. die Optionsfrist kann nur zu bestimmten Terminen auslaufen. Angebot und Nachfrage sowie marktpsychologische Aspekte wirken sich grundsätzlich auf den Preis aus. Der Handel mit den eigentlichen Optionsrechten (Sekundärhandel) stellt sich gerade für den kleineren Anleger als überaus reizvoll und verlokkend dar, denn der Optionsinhaber umgeht die Ausübung des Optionsrechtes, und die Aufbringung der dazu benötigten Geldmenge kommt nicht auf ihn zu. Dennoch, ein Optionskauf ist nicht gleichzusetzen mit einem kalkulierbaren Risiko. Das finanzielle Risiko des Käufers beläuft sich in jedem Fall auf die zu zahlende Prämie: immerhin ein möglicher Verlust von 100%. Der Aktienbesitzer dagegen verliert sein Geld proportional zum fallenden Kurs, vorausgesetzt, er verkauft seine Aktien und realisiert den Verlust. Funktioniert das Optionsgeschäft, ist damit eine beachtliche Hebelwirkung (Leverage-Effekt) verbunden: Die Rendite steht in einem überproportionalen Verhältnis zum Einsatz. Mit einem Einsatz von 1000 Dollar hat der Optionskäufer annähernd die gleiche Gewinnchance wie der Aktienkäufer mit einem Einsatz von 10000 Dollar.

Wer Nervenkitzel und Risiko erhöhen möchte, kann diese mit den sogenannten ungedeckten Optionsgeschäften (Naked writing) befriedigen: Er verkauft eine Option auf Werte, die er noch nicht besitzt. Sobald der Optionskäufer sein Optionsrecht ausüben möchte, muß der Stillhalter die dafür vorgesehen Aktienmenge am Markt zum gerade gegebenen Preis kaufen.

Ein Fall, der Geschichte machte

Diese Methode, so hatten Richard Sax, Günter Bökels und Hans Jürgen Funk es angedacht und immer wieder propagiert, sollte das Kapital der Firma Ambros mehren und viele Anleger glücklich und reich machen, vor allem aber die Initiatoren der Firma. In der Anfangszeit lief tatsächlich alles nach Plan. Die Werte, für die das Haus Ambros als Stillhalter einstand, bewegten sich im Sinne der selbsternannten Strategen. So konnten tatsächlich erhebliche Gewinne gemacht werden. Das Konzept schien aufzugehen. Doch Glückssträhnen zeichnen sich dadurch aus, daß sie selten von langer Dauer sind. Mit dem Börsencrash von 1987 wendete sich das Blatt, und das System lief gegen seine vermeintlich begnadeten Erfinder. Nachschüsse wurden fällig. Die Initiatoren sahen den einzigen Ausweg darin, fällige Renditezahlungen an Kunden durch Einlagen hinzugewonnener Neukunden zu finanzieren. Ein Schneeballsystem war geboren. Die Kundengelder wurden geschickt über mehrere Konten im In- und Ausland geschoben, so daß die Methode nicht offensichtlich war. Doch es dauerte nicht lange, und der Schneeball wuchs zur Lawine. Nachdem die Banken begannen, um ihr Geld zu fürchten, wurden Glattstellungen sämtlicher Kontrakte vorgenommen und dem Spiel ein Ende bereitet. Zu diesem Zeitpunkt waren bereits 25000 Anleger um insgesamt 800 Millionen Mark geprellt worden.

Auch für das Optionsgeschäft gibt es einige typische Abzockerargumente:

»Ihr Risiko, Herr ..., ist garantiert begrenzt.« (Das leuchtet ein, denn mehr als 100% kann man nicht verlieren.)

Oder:

»Im Vergleich zum Aktienkauf bewegen Sie mit einem relativ kleinen Betrag ein relativ großes Aktienpaket.« (Verweigert der Kunde weitere Einzahlungen, bewegt sich gar nichts mehr.)

Oder:

»Die zu erwartende Rendite ist überproportional groß, da sie ein vielfaches der Einlage betragen wird.« (Vor allem die abgezockten Gebühren sind überproportional groß.)

Abzockertrick

Dem Kunden wird nicht ausdrücklich gesagt, daß er eine Option kauft. Die Argumentation des Telefonhais dreht sich in erster Linie um einen Standardwert, der sich auch in deutschen Landen möglichst großer Bekanntheit erfreut. Dieses Argument reicht aus, um den potentiellen Käufer von der Qualität des Geschäftes zu überzeugen:

»Oder glauben Sie, Herr . . ., daß ein Unternehmen wie Philip Morris morgen pleite sein wird?«

Abzockertrick

Man nutzt wirtschaftspolitische Zusammenhänge oder große Ereignisse, die der breiten Öffentlichkeit bekannt sind, und stellt sie in Verbindung mit dem angepriesenen Wert. So werden dieser Tage u.a. Optionen auf Coca-Cola-Aktien an den Mann gebracht. Das Argument bezieht sich auf die bevorstehende Olympiade in Atlanta. Die Stadt ist nicht nur Austragungsstätte der nächsten olympischen Spiele, sondern auch Stammsitz des Getränkegiganten. Man erwartet einen gewaltigen Werbeaufwand, der sich möglicherweise positiv auf den Kursverlauf der Aktie auswirken wird, so die Argumentation der Optionshaie. Selbst wenn sie hiermit Recht behielten, verbliebe den Kunden aufgrund der branchenüblichen Gebührenschneiderei nur noch ein kläglicher Rest, der maximal für den Kauf eines Bechers mit der braunen Brause ausreichte.

Abzockertrick

Die anfallenden Kosten für den Kauf werden nicht aufgeschlüsselt. Neben den Optionsprämien kassiert der Vermittler horrende Gebühren. Nicht selten wird vom Geld des Kunden nur einen Teilbetrag zwischen 55 bis 60% tatsächlich in Optionen angelegt. Der Rest wandert auf das Konto der Vermittlungsfirma.

Beispiel:

Die Optionsprämie beläuft sich netto auf 10000 Dollar, hinzu kommt eine Brokercommission (Round-turn-Gebühr, kurz RTC) von 130 Dollar für An- und Verkauf. Auf der Basis dieser Gesamtsumme errechnet der Vermittler nochmals seine eigene Gebühr von z. B. 36% = 3646,80 Dollar. Insgesamt ergibt sich daraus ein Betrag von 13776,80 Dollar, den der Vermittler großzügig auf 14000 Dollar aufrunden wird. Der Kunde zahlt demnach eine Vermittlungsgebühr von rund 37%. Die Option muß also zunächst dieses Minus wieder ausgleichen.

Der Schwindel läuft immer nach dem selben Schema ab. Am Telefon werden die Kunden davon überzeugt, daß es keine sicherere Geldanlage als das Optionsgeschäft gibt. So erging es auch Reinhard B. aus Esslingen. Mit 10000 Mark wagte er einen ersten Schritt in Richtung Börse. Als ihn kurze Zeit später ein Berater anrief, hatte B. eigentlich mit einer negativen Nachricht gerechnet, doch wider Erwarten erfuhr er, daß die Kurse sich im »Aufwärtskanal« befänden und er mit seiner Option bereits »im Geld sei«. B. schickte weitere 20000 Mark, und wieder stiegen die Kurse, jedenfalls auf den Kontoauszügen, die er regelmäßig erhielt. Voller Überzeugung, ein Glückskind der Börse zu sein, legte B. nochmals 15000 Mark dazu. Immer wieder wurde er telefonisch mit guten Nachrichten überschüttet und gleichzeitig aufgefordert, noch mehr zu investieren. Als B. nach einigen Monaten einen Teil seines Geldes benötigte, rief er seinen Berater an und mußte zu seinem völligen Entsetzen erfahren, daß sich auf seinem Konto noch 11000 Mark befanden. Die Gebühren hatten das Geld bis auf einen kleinen Rest verzehrt, obwohl die Optionen in der Tat recht gut gelaufen waren. Ein weiterer Vernichtungsfaktor im Fall des Reinhard B. war die aggressive Kontoumschichtung. Bestehende Engagements wurden kurzfristig wieder aufgelöst, um mit dem Erlös erneut Optionen zu kaufen. Mittlerweile hat B. den Rat eines versierten Anwaltes gesucht und entsprechende Schritte eingeleitet.

Abzockertrick

Geschädigte wie Reinhard B., die sich in der Gewinnzone glauben, doch dann eine herbe Enttäuschung erleben, bekommen häufig von ihren Vermittlern zu hören, daß sie lediglich eine größere Summe hätten investieren müssen, und schon hätte sich das Gechäft gerechnet, und für den Kunden wären dicke Gewinne angefallen. Derartige Argumentationen brillant dargelegt, enden nicht selten damit, daß die Opfer ihren Beratern erneut große Summen anvertrauen, in der Hoffnung, daß es jetzt funktionieren wird.

Abzockertrick

Ohne Absprache mit dem Kunden kauft der Vermittler eine Call- und eine Put-Option jeweils für denselben Wert. Damit spekuliert der Vermittler ohne Zustimmung seines Kunden à la Hausse und à la Baisse. Von diesem sogenannten Stellagegeschäft erwartet der Börsenhai, daß Kursausschläge eintreten, die größer sind als die Summe der gezahlten Prämien und Gebühren. Die Option, die zum Vorteil des Kunden gelaufen ist, wird diesem stolz präsentiert, mit Aufforderung, jetzt endlich richtig ins Börsengeschehen einzusteigen und große Summen zu investieren.

Abzockertrick

Man kauft Optionen mit möglichst kurzen Laufzeiten, sogenannte Shorties. Das erleichtert die Argumentation, warum das Konto mal wieder gedreht worden ist. Auch hier beschränken sich die Verkäufer auf Standardwerte und argumentieren vorrangig mit dem supergünstigen Optionspreis, der eine einmalige Gewinnchance darstellt. In der Tat kann gerade mit den Shorties ein immenses Gewinnvolumen erreicht werden, und der Leverage-Effekt kann zu wahrhaften Traumrenditen führen, doch das Risiko ist ebenso gewaltig. Die Kursbewegung muß sich innerhalb kürzester Zeit, manchmal sind es nur noch wenige Tage, in schwindelnde Kurshöhen katapultieren. Eine Voraussetzung, die besonders für die etwas trägeren Standardwerte sehr unwahrscheinlich ist. Sicherlich weiß der Verkäufer gegenüber dem kritischen Kunden viele derartige Beispiele zu schildern, denn im Nachhinein ist selbst der dümmste Verkäufer schlau.

Der Warenterminhandel

Schweinebäuche (pork bellies), Kaffee, Kakao, Zucker, Orangensaft, Erdöl und viele andere Waren (commodities) werden weltweit an den Terminbörsen gehandelt. Die *Chicago Board of Trade* (CBOT) im amerikanischen Mittelwesten Amerikas ist die größte Terminbörse der Welt. Sie blickt auf 40 Jahre Börsengeschehen zurück. Die CBOT ist berüchtigt für ihr traditionelles und hektisches Treiben während der Börsenzeit. Männer mit bunten Jakketts, die das zugehörige Brokerhaus erkennen lassen, gestikulieren wild und rufen sich dabei Kauf- und Verkaufsabsichten zu. Manch einem Broker sagt man hier nach, er habe seine Stimme trainieren lassen, um noch lauter brüllen zu können. Da kann es auch schon einmal vorkommen, daß der eine oder andere etwas heftiger reagiert und seine Order mit dem Faustrecht durchzusetzen versucht. Eine Maßnahme, die Folgen haben kann, denn derartige Verstöße gegen die Hausordnung ahndet die Börsenaufsicht mit einer Geldstrafe bis zu 5000 Dollar und einem mehrwöchigen Hausverbot. Die Broker stehen in enger Verbindung zu Informationsdiensten und Metereologiestationen. Jede Schwankung, sei es in der Politik oder auf dem Barometer, kann sich auf die Preisbildung der Commodities auswirken. Geht z.B. der Viehfutterpreis eklatant in die Höhe, besteht die Gefahr, daß die Farmer sich mit Notschlachtungen aus der Misere retten. Bei übertriebenen Reaktionen, die sich über einen längeren Zeitraum erstrecken, könnte dies zu einem späteren Zeitpunkt eine Fleischverknappung nach sich ziehen. Dies wiederum hätte nach einer gewissen Zeit einen höheren Preis für pork bellies zur Folge.

Der ursprüngliche Gedanke des Warentermingeschäfts war die finanzielle Absicherung (Hedging) für Produzenten von Agrargütern sowie für die verarbeitende Industrie. Durch die Garantie eines Fixpreises zu einem Zeitpunkt in der Zukunft werden die Risiken, die mit Preisschwankungen einhergehen, weitestgehend ausgeschaltet und kalkulierbar. Schnell rochen die Spekulanten eine neue und zugleich lukrative Chance zum Geldverdienen. Der Handel mit den Kontrakten, den sogenannten Futures, begann. Heute werden 98% aller Kontrakte aus rein spekulativen Absichten gekauft. Lediglich die verbleibenden 2% der Käufer beabsichtigen eine tatsächliche Auslieferung der Ware. Durch ein Geschäft in entgegengesetzter Wettrichtung kann der Spekulant seinen Kontrakt wieder auflösen.

Das Warentermingeschäft lockt mit einer enormen Hebelwirkung (Leverage-Effekt), wodurch Gewinne von mehreren hundert Prozent erreicht werden können. Wäre da nicht die hohe Verlustquote. Optimisten träumen davon, mit einem Einsatz von 10000 Dollar eine halbe Million und mehr zu verdienen. Allein die Möglichkeit ist nicht von der Hand zu weisen, doch die Voraussetzungen für das Gelingen kommen fast einer Utopie gleich. Der Preis einer Ware müßte sich über einen Zeitraum von ein oder zwei Jahren um nahezu 800% steigern. Außerdem müßte der Spekulant zum jeweils richtigen Zeitpunkt seine Gewinne geschickt in weitere Kontrakte der selben Ware anlegen, um somit die Anzahl seiner Kontrakte zu potenzieren. Ein Lottogewinn mag wahrscheinlicher sein als eine solche Konstellation.

Erfolgsberichte wie die des legendären Ölmilliardärs Nelson Bunker Hunt, der Ende der 70er Jahre kolossale Profite mit Silberterminspekulationen einstreichen konnte, fördern nach wie vor den Absatz von Terminkontrakten.

Für jeden Kontrakt, den der Anleger kauft, muß er bei seinem Broker eine Sicherheitssumme (initial margin) hinterlegen. Der zu leistende Einschuß beträgt je nach Wahl des Hauses zwischen 5 und 10% des Kontraktwertes.

Beispiel:

Weizen:
Kontraktgröße: 10000 Bushel
Kontraktwert: 41500 Dollar
Einschuß: 2075 Dollar (5%)
(ein Bushel entspricht je nach Warenart 15–27 Kilogramm)

Steigt nun der Weizenpreis z. B. um 10%, erhöht sich der Kontraktwert um den entsprechenden Betrag = 4150 Dollar. Das ergibt einen neuen Kontraktwert von 45650 Dollar. Der Gewinn des Kunden errechnet sich an der Höhe des Einschusses. In diesem Fall hat der Kunde einen Profit von 2075 Dollar, also 100% gemacht.

Doch das Spiel kann auch in die andere Richtung laufen: Fällt der Weizenpreis um 10%, verringert sich der Kontraktwert entsprechend auf 37350 Dollar. Hieraus ergibt sich nun die Nachschußpflicht des Kunden von 2075 Dollar. Die Nachschußpflicht beim Termingeschäft erreicht sehr schnell die 100- Prozentmarke und schießt weit darüber hinaus. Mehrere hundert Prozent sich durchaus keine Seltenheit.

Renommierte Brokerhäuser wie Merryl Lynch versuchen in zunehmendem Maße, sich bzw. ihre Kunden von diesem Risikogeschäft zu distanzieren. In den vergangenen Jahren haben sie den Anteil an Commodity-Spekulationen bewußt reduziert. Während in den 80er Jahren noch etwa 40% der Brokercommission aus dem Warenterminhandel resultierte, sind es in den 90er Jahren lediglich noch 10%.

Unseriöse Aktienvermittler geben gerne vor, auf der selben Welle zu schwimmen, und raten ebenfalls von Warentermingeschäften ab. Nichts anderes als ein betrügerischer Penny-stock-Vermittler verbirgt sich meist hinter dieser Argumentation, denn im nächsten Schritt werden dem Anleger minderwertige oder sogar völlig wertlose Aktien aufgeschwatzt.

Erstaunlicherweise zieht das Alles-oder-nichts-Geschäft jährlich immer größere Scharen von Anlegern an. Die Einführung der Deutschen Terminbörse hat keineswegs, wie viele gehofft hatten, den Sumpf der deutschen Terminverkäufer trockengelegt. Im Gegenteil, die listenreichen Telefonhaie profitieren indirekt vom deutschen Terminmarkt, denn dessen Existenz geht Hand in Hand mit einer höheren Akzeptanz für das Termingeschäft. Gerne brüsten sich die Terminhaie damit, Mitglied der DTV, des

Deutschen Terminhandel Verbandes in Frankfurt, zu sein. Selbst wenn dies den Tatsachen entspräche, ist es kein Beweis für die Seriosität des Hauses. Der DTV ist lediglich ein Berufs- und Interessenverband und nicht mit einer Börsenaufsichtsbehörde zu verwechseln.

Wie alle übrigen Börsenvermittlungsfirmen unterliegen auch die Warenterminverkäufer, die ihre Geschäfte an amerikanische Broker weiterleiten, also lediglich eine Vermittlerposition beanspruchen, keiner gesetzlichen Finanzaufsicht oder sonstigen staatlichen Kontrollen. Die Warenterminverkäufer zählen zu den aggressivsten, gleichzeitig aber auch zu den erfolgreichsten Verkäufern des Grauen Kapitalmarktes. Fast nirgends werden die Insignien der Branche – Porsche, Rolex, Designeranzug – derart zur Schau getragen wie hier. Geld ist das Lebenselexier des Terminhaies, die einzige Motivation, auf die er reagiert. Die Verdienstmöglichkeiten in diesem Bereich liegen vergleichbar hoch. Für viele junge Leute, die noch ihren Weg suchen, ist es ein überzeugendes Argument für die Branche. Bernhard H. aus Wuppertal, heute 35 Jahre alt, berichtet, wie er mit der Düsseldorfer Terminbrokerszene in Kontakt kam:

»Nach meinem Realschulabschluß habe ich, so wie meine Eltern es wollten, eine Beamtenlaufbahn bei der Stadtverwaltung eingeschlagen. Es lief alles ganz gut, doch nachdem einige Jahre ins Land gegangen waren, fing ich an, mich in meinem Bürosessel zu langweilen. Ständig der gleiche Trott und Kollegen, die im Kopf immer inflexibler wurden, je länger sie den Job machten, das hat mich alles regelrecht zur Strecke gebracht. Ich fing an, mich nach anderen Möglichkeiten umzusehen. Ein Freund meines Vaters hatte zu dieser Zeit einen sehr großen Hi-Fi- und Elektroladen in unserer Stadt und er bot mir einen Job als Verkäufer an. Ich bekam ein Gehalt, das ungefähr dem bei der Stadtverwaltung gleichkam, erhielt aber zusätzlich Provisionen auf die von mir verkauften Waren. Der Umgang mit den Kunden und das Verkaufen machten mir richtig Spaß. Zu diesem Zeitpunkt war ich 22 Jahre alt. Eines schönen Tages mußte ich zu einem Kunden rausfahren. Eine Düsseldorfer Firma, ich wußte gar nicht genau, was die dort machten, und das interessierte mich auch eigentlich nicht. Der Geschäftsführer, ein junger Typ in toller Kleidung, wollte über drei Etagen eine Sprechanlage installiert haben. Ich erstellte ihm einen Kostenvoranschlag, der sich ungefähr auf 11000 Mark belief. Er war einverstanden und schon zwei Tage später fingen wir mit dem Aufbau an. Der Typ, er hieß Mark, kam regelmäßig zu mir, wenn er Fragen hatte. Am ersten Tag unterhielten wir uns über die technischen Neuheiten im Breich des Schaltpultes. Er war begeistert, und wir veranlaßten entsprechende Änderungen. Das bedeutete auch, das der Preis der Anlage um knapp 10000 Mark steigen würde. Ich freute mich schon auf meine Gehaltsabrechnung. Am zweiten Tag unterhielten wir uns über die Lautsprecheranlage. Wieder erhöhte sich der Preis um ca. 10000 Mark. Am Abend des dritten Tages nahm er mich zur Seite und fragte mich, ob ich nicht bei ihm als Verkäufer anfangen wolle. Ich hätte es geschafft, innerhalb von drei Tagen zweimal zu loaden, ohne daß es ihm eigentlich aufgefallen wäre. Mit diesem Talent könnte ich ein reicher Mann werden. Das gefiel mir. Bis 1988 war ich dann in dieser Firma und habe Warenterminkontrakte verkauft. Es war der absolute Streß, aber ich habe wirklich viel Geld verdient. Nach den drei Jahren war ich richtig ausgelaugt, irgendwie leer. Ich habe mich dann erst einmal zurückgezogen und mir die Welt angesehen: Asien, Australien, Neuseeland und die Südsee. Irgendwann kam es, wie es kommen mußte, und die Kasse war restlos leer. So blieb mir nichts anderes übrig, ich mußte zurück nach Düsseldorf. Dort habe ich mir eine andere Firma gesucht. Ein Penny-stock-Vermittler, der ziemlich bald vom Markt wieder verschwunden ist. Die Nachfolgefirma macht jetzt auf seriös, verkauft Standardwerte gemischt mit Commisssion-Papieren, damit die Verkäufer wenigstens etwas verdienen können. Der Geschäftsführer hat mir finanziell sehr geholfen. Mit 60000 Mark stehe ich jetzt noch bei ihm in der Kreide. Klar, daß ich da so schnell nicht mehr aus dem Job rauskomme.«

In der WTG-Szene tätig und der Justiz hinlänglich bekannt sind u.a. Firmen wie: der International Money Fund (IMF) des Thomas Haas, Philip Alexander Securities and Futures Ltd., WBB international, IBB oder OVI. Im August 1995 durchsuchte die Staatsanwaltschaft Düsseldorf die Büros der Firmen Glenn & Hurst sowie Westpoint & Merk. Vorwurf: Veruntreuung von Kundengeldern, geschätzter Schaden: 5 Millionen Mark.

Der Burda-Schwiegersohn Thomas Kramer versuchte sich in den 80er Jahren ebenfalls in diesem Metier und gründete gleich mehrere Firmen, u.a. die Kapitalverwaltung GmbH. Mindestens 100 Millionen Mark hat Kramer in den Terminmärkten verspekuliert. Es folgten Schadensersatzklagen und schließlich der unvermeidliche Zusammenbruch des kleinen Imperiums.

Abzockertrick

Die geringen Gewinnchancen des Terminmarktes haben viele Vermittler auf eine naheliegende Überlegung gebracht: Wenn bis zu 80% des Geldes sowieso verloren gehen, warum es dann überhaupt anlegen? Mit dieser Strategie läßt sich schnelleres Geld verdienen. Sämtliche Kundengelder fließen dann auf schwer nachvollziehbaren Wegen auf Auslandskonten. Die Kontoauszüge für den Kunden werden zwangsläufig gefälscht und weisen fast immer Gewinne auf. So hält man den Spekulanten über einen gewissen Zeitraum hinweg bei Laune und kann ihn in aller Ruhe ausnehmen.

Abzockertrick

Das Talent der WTG-Verkäufer ist in erster Linie ein rhetorisches. Über das Telefon wird der potentielle Kunde regelrecht weichgekocht, bis er die Flügel streckt und Geld schickt. Dem Kunden werden auch bei diesem Geschäft niemals die tatsächlichen Gebühren aufgeschlüsselt. Man nennt lediglich Pauschalbeträge, in denen alle Kosten enthalten sind. Zu den üblichen Einschußsummen addieren sich bei einem Vermittlungsgeschäft saftige Gebühren für den Verkäufer und seine Firma. So kostete 1994 ein Kaffeekontrakt bei der Düsseldorfer Sprungli und Rosenblatt AG rund 7200 Mark, für einen Erdölkontrakt mußte der Anleger schon etwas tiefer in die Tasche greifen: 14000 Mark. Die Preise beinhalteten neben dem Initial margin eine Vermittlungsgebühr von 16,6%. Im Vergleich mit anderen WTG-Höhlen (Branchenjargon) nimmt sich dieser Betrag fast noch fair aus, denn er kann in der Spitze bis zu 50% der Anlagesumme ausmachen.

Devisenspekulationen

Mehr als andere Spekulationsformen verlangt die Devisenspekulation nach großen Einlagesummen. Hier geht es nicht nur darum, Aktionäre für eine Firma zu interessieren bzw. abzuschrecken, sondern darum, Einfluß auf ein gesamtes Währungssystem zu nehmen. Letztendlich bleibt dies den Finanzriesen des Finanzwesens und der Industrie vorbehalten. Der Devisenhandel beschränkt sich weltweit auf einige wenige Trader. Der Privatanleger, der in diesem Bereich spekulieren möchte, tätigt entsprechende Optionsgeschäfte. Wenngleich es dem Ungarn George Soros 1992 gelungen ist, in nur wenigen Wochen fast eine Milliarde Mark durch legale Devisenspekulation zu gewinnen. Durch massive D-Mark-Ankäufe vermochte er das britische Pfund unter Höchstdruck zu setzen und eine Abwertung zu provozieren. Nachdem dies erreicht war, konvertierte er sein D-Mark-Reservoir wieder in britisches Pfund. Die Differenz machte fast eine Milliarde aus. Auf einen einfachen Nenner gebracht: »Hohe Einlagen können hohe Gewinne erbringen.« Thomas J., Loader bei einer Münchener Wertpapiervermittlungsgesellschaft, nutzt dieses Argument regelmäßig für seine Loadings: »Ich halte nicht viel von Fachsimpelei«, so J., »aber dort, wo konkrete Gewinne genannt werden, kann ich dem Kunden gut einheizen und ihn bei seiner Gier packen.« Natürlich werden in Firmen wie jener, der auch J. angehört, keine tatsächlichen Devisenkäufe, sondern ausschließlich Optionsgeschäfte abgeschlossen.

Abzockertrick

Ein beliebter und oft praktizierter Trick im Devisengeschäft ist die fingierte Geldwäsche. Dem Kunden wird glaubhaft gemacht, daß er Drogen- oder Mafiagelder zu außerordentlich günstigen Kursen ankaufen kann. Bei der Aussicht, die US-Währung zum halben Preis einzukaufen, ist schon manch ein Anleger schwach geworden. Ein Erstgeschäft in kleinerem Umfang funktioniert und überzeugt den Anleger von der Korrektheit des Deals. Im Anschluß daran wird der Kunde im größtmöglichen Umfang abkassiert. Die Geldübergabe findet nicht selten an öffentlichen oder seriositätsvermittelnden Plätzen wie einer Hotellounge, einer Bank oder einem falschen Notarbüro statt. Dann folgt eine theaterreife Verwirrungsszene, in der das Geld mitsamt den Betrügern auf Nimmerwiedersehen verschwindet.

Bankgarantien

Wieder sind es Lügengeschichten und märchenhafte Renditen von 15 bis 100 Prozent und sogar mehr, die den Anleger anziehen. Wie viele Anleger Uwe Eichhorst und seine Eichco GmbH oder die Hamburger Herzog Handelsgesellschaft mit dieser Perspektive hinters Licht führen konnten, ist noch ungewiß. Gewiß ist nur eins: Auch hier handelt es sich wieder um einen Riesenbluff. Als Bankgarantien werden Bürgschaften oder Kreditgarantien gehandelt, die sogenannten SLC-Papiere (Standby Letters of Credit) oder sogenannte Prime Bank Notes (PBN), an denen sich der Anleger, so wird ihm jedenfalls glaubhaft gemacht, über einen Pool beteiligen und somit in einen Markt begeben kann, der üblicherweise den Banken vorbehalten bleibt. Die weltweit größten Bankhäuser dürfen laut der Abzockerargumentation ausschließlich über Vermittler mit diesen Garantien Handel betreiben. Der Zweithandel soll den Banken dazu verhelfen, ihr Eigenkapital aufzustocken.

Das Haus Royco mit Sitz in Genf ließ die niederländische Firma Varia N.V., tatsächlich eine Tochter der Royco, als Bürgin für das Anlegergeld werbewirksam in Erscheinung treten. Als Sicherheit sollten Anleihen des deutschen Reiches dienen. Leider waren diese im Fall der Royco völlig wertlos. Derartige Altanleihen haben nur unter bestimmten Voraussetzungen noch Gültigkeit. So muß der Besitzer z.B. nachweisen können, daß sich die Papiere seit 1. Januar 1945 rechtmäßig in seinem Besitz befinden und er lückenlos alle Zinscoupons eingelöst hat. Nach dem Fall der Mauer sind diese Anleihen, bei denen es sich um die sogenannten

Young- oder Dawes-Anleihen handelt, verstärkt aufgetaucht und zu Betrugszwecken mißbraucht worden. Außer den Telefonmännern ist keinem Finanzexperten ein derartiges Geschäft bekannt. Der Phantasie der Börsenhaie sind eben keine Grenzen gesetzt. Wahrscheinlich ist außer den Finanzrittern niemand dazu bereit, soviel Profit zu machen, und so bleibt den Banken nichts anderes, als sich mit betrügerischen Telefonverkäufern einzulassen. Der Vermittler des Bankgarantiegeschäftes teilt dann die gewaltigen Renditen mit dem Anleger. Ein Risiko gibt es für diesen natürlich nicht, das behaupten wenigstens die Geldhaie. Den in Deutschland ansässigen Banken ist ein solches Produkt und ein solcher Handel gänzlich unbekannt. Also wird nach hergebrachter Abzockermethode wieder nur heiße Luft in schillernder Packung verkauft. Hinter dem wohlklingenden Produktnamen verbirgt sich meist nichts anderes als ein Schneeballsystem, gestrickt nach dem herkömmlichen Muster: Eingehende Einzahlungen dienen so lange als Rendtiteauszahlungen, bis die steigende Anzahl der Anleger das System aus den Nähten platzen läßt und der Schwindel auffliegt. Für skeptische Kunden, die das Geschäft hinterfragen, halten die Betrüger einen zusätzlichen Trumpf bereit: eine notarielle Beglaubigung darüber, daß das Kundengeld bei einer Bank zu einem festen Zinssatz von z.B. 20% hinterlegt wird. Es steht außer Frage, daß derartige Geldinstitute ihren Sitz in Delaware, den Virgin Islands oder vergleichbaren Orten haben.

Bei solch himmlischen Gewinnaussichten, die zudem auch noch perfekt abgesichert schienen, wurden sogar die Gefolgsleute Gottes wankelmütig und gaben sich der Versuchung des Mammons hin. Die britische Heilsarmee erleichterte ihre Konten auf diese Weise um 9 Millionen Dollar, die scheinbar im Nichts versickerten.

Abzockertrick

Fatale Folgen wird eine Variante des Bankgarantiegeschäftes nach sich ziehen, die seit Mitte 1995 verstärkt auf dem Grauen Kapitalmarkt angewandt wird. Zielgruppe sind Immobilienbesitzer. Mit der branchenüblichen Telefonmasche werden sie kontaktiert und auf die Möglichkeit hingewiesen, wie sie mit ihrem Immobilienbesitz risikofrei Geld verdienen können. Wieder sind es ausländische Banken, die Traumrenditen garantieren. Bis zu 6% in der Woche (!) sollen dabei für den Anleger abfallen. Die einzige Bedingung: ein Gutachten über den Wert des Besitzes sowie ein notariell beglaubigter Eigentümergrundschuldbrief, der den unbelasteten Teil der Immobilie ausweist. Die Gutachter und Vermittler dieser Geschäfte arbeiten Hand in Hand und teilen sich das überhöhte Honorar für das Gutachten. Doch damit nicht genug, denn das eigentliche Ziel dieser umständlichen Transaktion ist der Eigentümergrundschuldbrief. Gelingt es dem Gauner, diesen in seine Hände zu bekommen, ist das Ende des Immobilienbesitzes besiegelt: Es ist ein einfaches Unterfangen, solche Dokumente beleihen zu lassen. Die Betrüger tauchen danach unter, und die Gläubiger werden sich durch eine Zwangsvollstreckung schadlos halten. Der finanzielle Schaden der Opfer kann im Einzelfall in mehrstellige Millionenbeträge eskalieren.

Wechsel

Dieses Abzockerangebot ist durchaus vergleichbar mit dem Bankgarantiegeschäft. Die Anleger erhalten dieses Mal für ihr Bargeld einen Wechsel, ausgestellt von einem Topunternehmen der Vereinigten Staaten, vorzugsweise aus Delaware oder Wyoming oder einer internationalen Großbank mit Sitz in Gibraltar. Den Opfern bescheinigt man mit zum Teil beeindruckenden Zertifikaten, daß ihr Geld in Depots gebucht wird, wo es 20% und mehr Rendite per anno bringen kann: Zeit genug für die Betrüger, das Weite zu suchen.

Die Angebotspalette dieser Anbieter ist mittlerweile ebenso reichhaltig wie die der übrigen Börsenhaie. Mit der zunehmenden Popularität nationaler und internationaler Umweltorganisationen steigt die Bereitschaft des Anlegers, in die vermeintlich gute Sache zu investieren und damit Geld zu verdienen.

Abzockertrick

Die angebotenen Fonds enthalten maximal 10% ökologisch und ethisch ausgerichtete Anteile. Der Rest entspricht der herkömmlichen Fondzusammenstellung. Nur die Gebührenordnung sprengt den normalen Rahmen.

Abzockertrick

Um den Öko- und Ethikgedanken rankt sich mittlerweile eine gut verdienende Branche. Tochterfirmen großer Versicherungsgesellschaften tummeln sich hier ebenso wie kleine Schwindelfirmen. Viele Anbieter praktizieren *sanftes Telemarketing*, um sich glaubwürdig an ihre Opfer heranzuschleichen. Angelockt durch Zeitungsanzeigen und teilweise perfekte Werbefeldzüge, begeben sich die Opfer freiwillig in die Fänge der Ökoabzocker. Viele Anleger sind einfach neugierig. Sie möchten wissen, was sich hinter den Angeboten verbirgt, und fordern, angeregt durch Coupons und Antwortkarten, eigeninitiativ Informationsmaterial bei den Anbietern an. Das ist für den Telefonhai der Startschuß: Über einen Zeitraum von ca. drei Monaten wird der Interessent telefonisch betreut und argumentativ bearbeitet. Spätestens nach Ablauf dieser Zeit muß die Kuh zu melken sein. Die sanfte Strategie, gepaart mit Argumenten, die an das ethische Empfinden der Anleger appellieren, sich aber ansonsten nicht von den herkömmlichen Abzockersprüchen und Methoden unterscheiden, sollen den Anleger glauben machen, daß er durch ein Engagement sein umweltbelastetes Gewissen reinwaschen und gleichzeitig seine Taschen füllen kann.

Computerhandelsprogramme

Im Zeitalter des Computers ist alles möglich, sogar daß eine Software über An- und Verkauf entscheidet und die Zusammenstellung des Portfolios dirigiert. Angepriesen werden solche Systeme z.B. von einer Metro Broker Inc. mit Sitz in Panama sowie anderen Vermittlern in Düsseldorf, München, Frankfurt, Leipzig und anderswo. Der Clou: Damit der Computer effektiv das Geld mehren kann, werden Einlagesummen ab 50000 Dollar verlangt. Somit ist eine einträgliche Basis geschaffen, um die hohe Schule des sog. Churnings zu betreiben: Das permanente Drehen (Branchenjargon) in andere Werte übernimmt das Handelsprogramm. Der Pseudo-Broker verdient seine Provision im Schlaf.

Edelmetalle und Edelsteine

Neben den Aktien- und Terminhändlern bilden die Edelstein- und Edelmetallverkäufer eine weitere wichtige Gruppierung der Telefonmafia. Hier tummelt sich die gleiche Verkäuferkategorie wie in der übrigen Abzockerbranche. Uwe Bold und seine Noble House Diamanten GmbH in Wiesbaden fügen sich in das bekannte Muster: 1986 wegen Anlagebetrugs für sieben Jahre auf Bewährung verurteilt und mit einem fünfjährigen Berufsverbot belegt, kehrte Bold gezwungenermaßen dem Warentermingeschäft den Rücken und gründete die o.g. Firma. Auch der Name Ewald F. Maisenbacher taucht immer wieder in der Szene auf. 1980 war der Geschäftsführer der David and Sons Inc. aus Düsseldorf wegen Prospektbetrugs zu einer zweijährigen Haftstrafe verurteilt worden, ist aber dennoch seiner Branche treu geblieben. Die Edelmetall- und Edelsteinverkäufer zielen verstärkt auf solche Kunden, die durch schlechte Erfahrung und finanzielle Einbußen durch Spekulationen in anderen zwielichtigen Bereichen bereits desillusioniert sind und nur auf ein einziges Argument positiv reagieren: Sicherheit. Immerhin bietet die Edelsteinbranche eine Auslieferung der Ware, und der Kunde selbst bestimmt den Ort der Aufbewahrung. Argumentationsgrundlage für die Sicherheitsfetischisten ist immer wieder der Börsencrash von 1987, denn hier hat sich die Stabilität von Edelmetallwerten eindeutig erwiesen. Wer zu diesem Zeitpunkt in Edelmetallaktien investiert hatte, konnte sich zu den Gewinnern zählen: Newmont Gold z.B stieg um 10,5% und Callahan Mining um 7,4%. So korrekt diese Beispiele sein mögen, sie stehen in keinem Zusammenhang zu den Produkten, die Telefonzocker an den Mann bringen möchten. Gold, Edelsteine u.ä. sind in der Regel minderwertig und eine Investition kommt einem Totalverlust gleich. Der Preis, den die Diamantverkäufer am Telefon verlangen, liegt durchschnittlich um 50% und mehr über dem eigentlichen Marktwert. Unzählige Büros mit ständig wechselnden Namen und Geschäftsführern machen den Markt undurchsichtig, und der Anleger ist am besten beraten, wenn er sich vor allem in Verbindung mit telefonischen Angeboten zu keinem Engagement hinreißen läßt.

Abzockertrick

Firmen wie die der Brüder Rudolf und Bernhard Förster, die RFJ Diamant Handel AG aus Offenbach oder die Mehler Holding GmbH & Co. KG des zur Zeit inhaftierten Jörg Mehler übervorteilen ihre Kunden mit Diamanten zu überhöhten Preisen bei minderer Qualität. Beim Kauf erhält der Kunde zwar eine Garantie, daß die Firma die Ware nach Ablauf einer Frist mit Wertsteigerung dem Kunden wieder abkauft, doch noch bevor die Frist abgelaufen ist, hat sich die Firma aufgelöst, und der Kunde wird anderweitig für die zweitklassigen Diamanten keinen akzeptablen Verkaufspreis realisieren können. Sollte der Diamantenhändler noch nicht abgetaucht sein, wird sich die Garantie als rhetorische Floskel entpuppen. Sobald der Kunde signalisiert, daß er seine Diamanten veräußern möchte, um die garantierte Mindestwertsteigerung zu erhalten, wird er davon überzeugt, die Ware noch eine Weile zu halten, da sicher sei, daß der Wert gerade jetzt weiter steigen werde.

Abzockertrick

Den unzweifelhaften Wert belegen Gutachten meist unabhängiger Institute, die außer den Verkäufern, die nicht selten besagte Institute ins Leben gerufen haben, wohl niemand kennt. In Anbetracht der fabelhaften Wertanlage verzichten die Anleger auf zusätzliche Prüfungen. Mit Vorsicht sind sogar die Expertisen des *International Gemmological Institute* (IGI) aus Antwerpen zu genießen. Die darin bescheinigten Angaben übersteigen immer den tatsächlichen Wert der Ware. Experten berechnen Edelsteine mit einem IGI-Gutachten im Normalfall mit einer pauschalen Wertminderung von mindestens 10%.

Wie wird verdient?

Im Verkaufsgespräch spielt der Verkäufer seinen Verdienst argumentativ herunter und gibt vor, von den banküblichen Gebühren, einer Gewinnbeteiligung oder einer dem Gewinn angepaßten Gebühr beim Verkauf der jeweiligen Anlage zu leben. Auch wenn diese Vorgehensweisen in realitas praktiziert werden mögen, so existieren darüber hinaus bei weitem interessantere Einnahmequellen. Kein Verkäufer aus der Börsenvermittlungsszene ist ausschließlich auf die o.g. Varianten angewiesen. Faire und ehrliche Verdienstmöglichkeiten verstellten dem Neueinsteiger den schnellen finanziellen Aufstieg und beraubten jeden Telefonzocker seiner verdienstorientierten Lust am Geschäft. Damit hätte die Szene ihre gesamte Anziehungskraft auf die Betrugsbroker verloren. Ein durchschnittlich begabter Opener verdient zwischen 7000 und 15000 Mark im Monat, gute Loader bringen es auf 20000 Mark und mehr. Spitzenverdiener der Branche kassieren im gleichen Zeitraum einige hunderttausend Mark. Wer hierin Gefahren für die bundesdeutsche Wirtschaft sieht, sei beruhigt, denn der Hauptanteil des eingesammelten Geldes fließt zurück in Rotlichtviertel oder wird für Luxusgüter der gehobenen Klasse ausgegeben.

Die einzige Ausnahme von der betrügerischen Verdienstregel stellt der An- und Verkauf von Standardwerten des Aktienmarktes dar. Hier bestehen außer der deklarierten Gebühr und einer eventuellen Gewinnbeteiligung für den Verkäufer keine verborgenen Möglichkeiten, Geld zu verdienen. Deshalb werden

Standardwerte, wenn sie überhaupt angeboten werden, ohne Ausnahme als Köder für aussichtsreichere Geschäfte ausgelegt.

Geldtransfer und Kontoführung

Da in den meisten Fällen das Geld in eine andere Währung konvertiert werden muß – an erster Stelle steht der US-Dollar –, nutzen viele Vermittler die Gelegenheit, um kräftig zuzugreifen. Welcher Kunde achtet schon auf die Korrektheit der zweiten Stelle hinter dem Komma? Ganz dreiste Börsenhaie langen auch schon mal über hausinterne Wechselstellen etwas deftiger zu. Der Kunde erhält hier einen Wechselkurs, der gleich mehrere Pfennige über dem aktuellen Fixing liegt. Kritische Köpfe, die das Ergebnis der Konvertierung beanstanden, beruhigt man mit der Aussage, daß sie den Mehrpreis beim Verkauf automatisch wieder zurückerhielten. Allerdings weiß zu diesem Zeitpunkt noch kein Kunde, daß Verkaufsordern bei den Vermittlungsbetrügern nicht gern gesehen sind und es fast immer unmöglich ist, ein einmal gekauftes Schwindelpapier ohne empfindliche Verluste wieder abzustoßen.

Jede Vermittlungsfirma ist derart aufgebaut, daß jederzeit auf die Kontoführungsstelle Einfluß genommen werden kann. Verlustpositionen werden durch falsche Kurse abgeschwächt oder deren Dokumentation wird verzögert, so daß der Loader nochmals eine sichere argumentative Ausgangsposition hat, um den Kunden davon zu überzeugen, neues Geld zu schicken. Die sogenannten Clearinghäuser, die für die Kontoführung zuständig sind, sind im Fall der meisten deutschen Börsenhaie ein Tochterunternehmen desselben oder zumindest von ihm ferngesteuert.

Depotverwaltung

Viele Vermittler sparen sich bei dem Brokerhaus, mit dem sie zusammenarbeiten, zusätzliche Kostenaufwendungen für Einzeldepotverwaltungen und plazieren die Kundengelder in einem Sammeldepot. Dem Kunden wird dies nicht weiter auffallen, da er seine Kontoauszüge von einer hauseigenen oder hausdirigierten Abrechnungsstelle erhält.

Bestenfalls selten geht der Vermittler in Vorleistung und kauft den Wert noch am Tage des Telefonats. Immerhin sind damit erhebliche Risiken verbunden: Bezahlt der Kunde seine Order nicht, geht der Deal zu Lasten des Verkäufers, sofern das Anlageangebot nicht anderweitig untergebracht werden kann, denn auch hier gilt: Loss is to the (Pseudo-) broker. Sämtliche Minusbeträge, für die der Telefonverkäufer innerhalb seiner Firma verantwortlich gemacht werden kann, werden von seiner Kommission abgezogen. Dem Großteil der Vermittler fehlt sowieso die nötige technische Ausrüstung, um schnell und effektiv handeln zu können. Nur die wenigsten verfügen über On-line-Computerverbindungen, die den Handel in Amerika zeitgleich dokumentieren, wodurch sich An- und Verkaufsentscheidungen kursbedingt variieren lassen.

In der Warenterminbranche ist die Einzeldepotverwaltung bei mittleren und größeren Brokerhäusern ab einer Einlage von 1 Million Mark möglich. Kleinere Beträge werden in Sammelkontrakte plaziert, d.h. entgegen aller Beteuerungen und Versprechungen des Verkäufers, daß die Börse ein schnelles Geschäft ist etc., wird das Geld der Kunden manchmal wochenlang auf ein Parkkonto geschoben, bis genügend Gelder zusammengekommen sind, um Kontrakte zu kaufen. In der Zwischenzeit legt der Vermittler das Kundengeld zu seinen Gunsten in sicheren Festgeldern an. Der Kunde wird davon nichts bemerken, denn auf hausgestrickten Kontoauszügen wird ein Kontraktankauf zu einem früheren Zeitpunkt belegt oder die Situation wird argumentativ bewältigt:

»Wir wollten mit Ihrem Geld kein Risiko eingehen und noch eine günstigere Marktentwicklung abwarten, deshalb haben wir mit der Anlage noch einige Tage gewartet.«

Kein Kunde zweifelt kundenfreundliche Erläuterungen dieser Art an oder kann Gegenteiliges beweisen.

Nichtanlegen des Geldes

Die Unkenntnis, mit der mit den Kundengeldern verfahren wird, führt in der Mehrzahl der Fälle auf dem schnellsten Weg zum Totalverlust. Branchenerfahrene Verkäufer und Hintermänner geben sich im Hinblick auf Gewinnchancen im voraus keinerlei Illusionen hin. Wer dem Traum der großen Renditen nachhängt, wird immer eines besseren belehrt.

Der bequemste und einfachste Weg, das schnelle Geld zu machen, ist das Nichtanlegen der Kundengelder, das sogenannte Luft- oder Scheingeschäft. Wie immer wird dem Kunden Unmögliches versprochen, bis er endlich den firmeneigenen Geldboten bestellt oder eine Überweisung tätigt. Im letztgenannten Fall wird das Geld systematisch über Auslandskonten verschoben, bis es endlich da landet, wo man es haben möchte: in der Schweinslederbörse (Branchenjargon für das eigene Portemonnaie).

Es gibt Firmen, die betreiben eine in ihrem Sinne gut bemessene Mischkalkulation. Ein Teil der Kundengelder wird angelegt, der Rest, eben so viel, wie man zum guten Leben braucht, wandert auf hauseigene Konten. Andere Häuser wiederum beginnen mit seriösen Absichten und glauben an die Chance, durch Börsenspekulation für sich und ihre Kunden dauerhaft viel Geld erwirtschaften zu können. Doch sobald die Prognosen fehllaufen oder die eigene Habgier nicht mehr kontrolliert werden kann, kann auch der Versuchung der Selbstbedienung nicht mehr widerstanden werden.

Gebührenschneiderei

Der Weg zum schnellen Geld führt über die Gebühren. Sie sind eine erquickliche Quelle für den Verkäufer und die verantwortliche Geschäftsleitung, um die eigenen Taschen zu füllen. Ein Aufschlag bis zu 10% bewegt sich durchaus im rechtlich tolerierten Rahmen. Dagegen ist nichts einzuwenden, denn jede Serviceleistung hat ihren Preis. Der einzige, der etwas dagegen einzuwenden hat, ist der Telefonverkäufer, denn eine Gebühr in legalem Umfang schließt den schnellen Verdienst komplett aus; jedenfalls dann, wenn daneben keine zusätzlichen provisionstreibenden Maßnahmen ergriffen werden können. Der Telefonbroker, dessen Provisionsabrechnung sich auf der Grundlage von z.B. je 2,5% bei An- und Verkauf zusammensetzt, bräuchte eine permanent stabile Equity von ca. sechs Millionen Mark. Angenommen ist dabei, daß er jeden Monat zwischen 500000 und 1000000 Mark bewegt, während die verbleibenden Gelder in Aktien u.ä. angelegt bleiben, bis sie Gewinne abwerfen. Selbst bei guten Anlageergebnissen wird sich die Summe, bedingt durch Verluste, Gewinnausschüttungen, Teilauszahlungen und Kontoauflösungen, nur begrenzt vermehren lassen. Von der erwirtschafteten Provision kommen ca. 30 bis 60% (je nach Höhe des Gesamtverdienstes) für den Broker zur Auszahlung. Der verbleibende Rest fällt der Geschäftsleitung zu. Bei dem o.g. Beispiel würden pro Monat mindestens 7500 Mark (brutto) regulär an den Broker gehen. Aber selbst ein sehr guter Verkäufer bräuchte, um eine Equity von mehreren Millionen zu akquirieren, mindestens zwei Jahre. Da aber kein Vermittler bereit ist, einen Verkäufer über einen derart langen Zeitraum mit einem akzeptablen Gehalt oder Fixum zu entlohnen, wird sich in der Vermittlungsszene nicht ein einziger Verkäufer finden, der ausschließlich von seriösen und kundenfreundlichen Gebührensätzen lebt bzw. leben kann. Beteuerungen, die in diese Richtung gehen, sind absatzfördernde Lügen. Der Börsenhai lebt von den Geldern, die er Tag für Tag den Kunden aus der Tasche schwatzt. Bei Gebührenstaffeln, die nicht weit von der 50-Prozent-Marke entfernt sind, kann er auf eine professionell aufgebaute und seriös verwaltete Equity verzichten. Er benötigt jeden Monat mindestens 25000 bis 30000 Mark an frischen Kundengeldern. Damit sichert er einen Verdienst an der untersten Grenze von 6000 bis 8000 Mark. Zwar sind Vermittler von Optionen, Warentermingeschäften und Penny Stocks nach einem Urteil des Oberlandesgerichts Düsseldorf vom 17.05.1994 (Aktenzeichen 2 U 264/93) dazu verpflichtet, ihre Kunden über die Gebühren aufzuklären, doch die Realität sieht wie so oft ganz anders aus. Die vollständige Aufklärungspflicht besteht im übrigen auch dann, wenn der Verkäufer sich lediglich als vermittelnde Instanz definiert (Bundesgerichtshof, Aktenzeichen III ZR 25/92).

Mark-up und Mark-down

Für den Fall, daß der Vermittler selbst als Market Maker auftritt, d.h. in einer Aktie einen Markt macht und für die Stellung der Kursnotierungen verantwortlich ist, öffnet sich eine weitere Commission-Tür: Das sogenannte Mark-up bzw. Mark-down. Der Vermittler darf laut amerikanischem Börsengesetz auf den aktuellen Ankaufspreis eine nochmalige Gebühr von 5% aufschlagen, ohne daß diese dem Kunden gegenüber ausgewiesen werden müßte. Das gleiche gilt für den Fall des Verkaufs. Auch hier kann der Vermittler stillschweigend 5% vom bid-Kurs abziehen und auf seine Seite wandern lassen – wieder für den Kunden nicht ersichtlich.

Churning

Neben frischen Kundengeldern, die bei routiniertem Telefonterror in die Hände des Verkäufers fließen, lebt er nicht schlecht von bereits plazierten Geldern. Damit diese nicht nutzlos in irgendwelchen Aktien oder Kontrakten verstauben und dem Verkäufer möglicherweise nichts mehr einbringen können, werden sie, so oft es irgend geht, gedreht (Branchenjargon). Die Gelder werden willkürlich in ständig wechselnde Werte umgeschichtet, wobei für den Verkäufer wieder Provisionen abfallen. Da kann es durchaus geschehen, daß das Anlegergeld innerhalb von sechs Monaten mehrere hundert Kontrakte (oder Aktienanlagen) durchwandert. Adressen wie Philip Alexander oder die New York Broker AG zählen neben unzähligen anderen zu den Spitzenreitern dieser Verdienstmasche. Das sogenannte Churning ist zwar vom Gesetzgeber verboten, gehört aber zur Alltagsroutine und wichtigsten Geldsammelmaßnahme des Börsenhaies. Es wird solange betrieben, bis das Geld des Kunden hoffnungslos aufgezehrt ist. Mit immer neuen Verkaufsstories von einzigartigen Gelegenheiten und gewinnbringenden Geldmärkten wird dem Kunden eingeheizt, bis er endlich sämtliche Bedenken, die er vielleicht hatte, über Bord wirft.

Crossing

Die hohe Schule des Crossings wird vorrangig bei Penny stocks und Reg-S-Aktien, die für den Verkauf in Übersee bestimmt sind, praktiziert. In den 80er Jahren basierte der Verdienst sämtlicher Penny-stock-Verkäufer auf diesem Prinzip, und viele Telefonzokker haben sich damit in kürzester Zeit eine goldene Nase verdienen können. Das System ist einfach: Die Vermittlungsfirma kauft ein Aktienkontingent einer kleinen Gesellschaft zu einem Preis, der unterhalb der tatsächlichen Notierung liegt. Ohne über den offiziellen Handel zu gehen, werden die Aktien von den Verkäufern unter das Anlagevolk gebracht und im Anschluß daran zwischen den Kundenkonten hin- und hergeschoben. Doch wie beim Kinderspiel wird einer den Schwarzen Peter ziehen und aufgrund des endgültig aufgeriebenen Kontos aus dem Commission-Spiel ausscheiden müssen. Der schönste Tag im Monat eines dem Crossing verfallenden Penny-stock-Verkäufers ist der Last commission day. Schon Tage vorher plant er das große Ereignis und erstellt einen willkürlich durchdachten Schlachtplan darüber, wem welche Aktien zufallen sollen und wer dieses Mal auf der Verliererseite zu stehen hat.

Der Verkäufer verdient ausnahmslos an jeder Transaktion. Ihm fällt bei jedem Cross die Differenz zwischen An- und Verkaufspreis (spread) zu, die sich in der Spitze bis auf 70% des eigentlichen Kaufpreises belaufen kann. Daneben wird selbstverständlich die hauseigene Gebühr erhoben sowie je 5% Mark-up und Mark-down berechnet.

Kursmanipulation

Bei sogenannten Nebenwerten ist es relativ einfach, durch gezielte Ankäufe den Aktienkurs in die Höhe zu treiben. Gut organisierte Firmengeflechte setzten ihre gesamte Verkaufsmannschaft für einen befristeten Zeitraum für den Verkauf eines einzigen Wertes an, und die Verantwortlichen ihrerseits tätigen massive Ankäufe. Voraussetzung für die Manipulation ist, daß der Kurs vor Beginn der Transaktion nicht zu hoch notiert und ausschließlich unbedeutende Market maker für die Kursstellungen Sorge tragen. Durch diese simple Technik wird der Kurs unweigerlich für eine kurze Zeit in die Höhe schnellen. Doch damit nicht genug: Mit dieser Aktion werden Optionen in beiderlei Laufrichtung abgeschlossen. Da der Vermittler den Zeitraum, über den sich die Ankäufe erstrecken sollen, programmieren kann, ist er auch in der Lage, die Laufzeit seiner Optionen genau zu bestimmen. Funktioniert das Geschäft, fallen ihm durch das exakte Timing immense Summen zu.

Der Kursverfall läßt meist nicht lange auf sich warten, und die Verluste gehen wie immer zu Lasten des Kunden. Der Vermittler jedoch schlägt auch hieraus wieder beeindruckenden Gewinn. Weil auch der Kurssturz für ihn vorhersehbar war, hat er für diesen Fall einträgliche Vorkehrungen getroffen und Optionen oder Leerverkäufe getätigt. Obwohl Kursmanipulationen dem Tatbestand des Betrugs entsprechen, können sie nur in seltenen Fällen belegt und nachgewiesen werden.

Kick backs

Die herkömmliche Definition dieser aufwendungsarmen Verdienstmöglichkeit ist die Beteiligung des Vermittlers an regulär anfallenden Broker-Provisionen. Die Telefonmafia hat dieses Prinzip um eine entscheidende Variante erweitert. Innerhalb der gestaffelten Vertriebsstruktur – von der Broschürenabteilung bis zum Loader – ist nach absteigendem Verdienstprinzip jeder an den Folgegeschäften beteiligt.

Beispiel:

Durch die perfide Argumentationswendigkeit des Loaders stimmt der Kunde dem Loadingvorschlag zu. An der anfallenden Provision ist der Loader zu einem Hauptanteil beteiligt, ca. 10% gehen an den Opener, der das Erstgeschäft mit dem Kunden abgeschlossen hat, und ca. 5% an die Broschürenfrau, die den Kunden akquiriert hat. Die Broschürenfrau hat schon zuvor durch das Opening einen Anteil von 2 bis 3% der Provision erhalten. Natürlich verführt dieses System viele Loader zur Unterschlagung gegen untergeordnete Kollegen, die ihrerseits keine Kontrolle über Folgeabschlüsse haben. Besonders betroffen sind die Damen der Broschürenabteilung, die man bei zu hohen Beteiligungssummen prompt ihres Amtes enthebt und durch eine Nachfolgerin ersetzt.

Margin accounts

Während beim Shorten (Leerverkauf) die Aktien für die Transaktionen geliehen werden, leiht man beim Kauf über ein Margin account die Hälfte des benötigten Geldes. Der Ankauf erfolgt also über einen vom Brokerhaus zur Verfügung gestellten Kredit. Voraussetzung ist die Eröffnung eines Margin accounts mit entsprechendem Vertrag. Das Konto muß eine permanente Deckung von 2000 Dollar in bar oder in Aktien erfüllen. Alle Ankäufe werden zu einem Anteil von 50% auf Kredit abgewickelt. Laut amerikanischem Börsengesetz, der Regulation T, muß der Kunde 50% der Ankaufssumme selbst tragen. Ein Ausgleich des Margin account ist erst dann zwingend, wenn die darin geführten Werte wieder veräußert werden. Zu diesem Zeitpunkt zahlt der Kunde die fälligen Gebühren. Je größer der Zeitraum zwischen An- und Verkauf, desto höher die Gebühren.

Beispiel:

Kunde und Brokerhaus bringen je 500 Dollar für den Ankauf von hundert XY Aktien zum Kurs von 10 Dollar auf.

a) Hebelwirkung bei steigendem Kurs
Die Aktie steigt wie erwartet und der Kunde verkauft bei 15 Dollar. Der Gewinn beläuft sich auf 1500 Dollar, von dem der Broker 500 Dollar (zzgl. fälliger Gebühren) einbehält. Dem Kunden verbleiben 1000 Dollar, ein Profit von annähernd 100%. Hätte er nicht über das Marginkonto gekauft, wäre der Gewinn um die Hälfte reduziert (1500 Dollar Gewinn bei einer Investition von 1000 Dollar).

b) Hebelwirkung bei fallendem Kurs
Die Aktie fällt. Die Wertminderung wird nun ausschließlich vom Kunden getragen, denn der Broker beteiligt sich nicht an der spekulativen Seite des Geschäftes. Auch bei fallenden Kursen muß der Kunde die geliehene Summe zuzüglich der Gebühren erstatten. Oft bringt ein Verkauf nicht einmal genügend Geld ein, um den Ausgleich zu erfüllen, und der Kunde muß erneut in die Tasche greifen. Sobald der Kurs unter 75% seines ursprünglichen Ankaufswertes gefallen ist, ist der Kunde gezwungen, die Differenz umgehend zu überweisen. Kommt er diesem sogenannten Margin call nicht nach, wird der Broker das Konto umgehend liquidieren.

Abzockertrick

Das Geschäft wird tatsächlich ausgeführt, wenngleich mit unverhältnismäßig hohen Gebühren. Der Kunde wird weder über die Risiken aufgeklärt, noch weiß er, daß er dem Brokerhaus die gleiche Summe, die er bereits investiert hat, plus Gebühren schuldig ist, bzw. bei rückläufigem Kurs ggf. Nachschüsse zu leisten hat.

Abzockertrick

Der Vermittler hält ein Paket von marginfähigen Aktien von mindestens zehn Dollar pro Stück. Wohlwissend, daß es schlecht steht um den zukünftigen Kursverlauf, werden die Aktien in Windeseile in die Margindepots gebucht. Die

Gewinne, die hierbei für das Haus selbst entstehen, sind beträchtlich, denn zum einen wird ein unprofitabler Wert losgeschlagen, zum anderen können dafür immense Gebühren kassiert werden, da die Laufzeit solcher Negativwerte mehr als langfristig sein wird.

Abzockertrick

Für diesen Trick sind Schwarzgeldkunden prädestiniert. Das Geld wird nicht plaziert, und möglicherweise existiert auch der Investitionswert nicht. Daß der Kurs rückläufig sein wird, versteht sich von selbst. Der Kunde wird in die Pflicht genommen und muß das Konto ausgleichen. Sollte ein Kunde es wagen, sich über die Verluste zu beschweren, genügt ein dezenter Hinweis auf die Steuerfahndung und das Thema ist erledigt.

Was tun im Schadensfall?

Präventivmaßnahmen

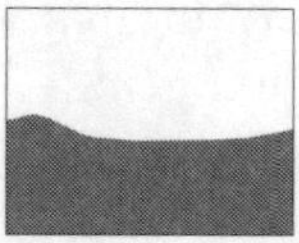

Findige Anlegerschützer entwickeln Checklisten und Fragenkataloge, um den Bösenhai als solchen zu entlarven, oder wollen ihn per Unterschrift vom Vermittler- in den Beraterstand erheben. Der Handgriff bietet Gelegenheit, ihn im Schadensfall zivilrechtlich dingfest machen zu können. Doch was ist solch ein Schreiben wert, hat der Finanzhai unter falschem Namen gearbeitet und ist mitsamt des Geldes verschwunden? Deshalb: Vergessen Sie alle Tips und Checklisten. Es gibt nur eine einzige Präventivmaßnahme, die Sie vor Betrügern schützt:

Tätigen Sie keine Anlagegeschäfte, deren Ursprung ein unaufgeforderter Anruf ist!

Lassen Sie sich am Telefon auf keinerlei Diskussion ein. Sie signalisieren damit Gesprächsbereitschaft und werden den Anrufer und seine Kumpane nie wieder los. Beenden Sie einen ungebetenen Anruf aus der Pseudo-Börsenszene durch ein sofortiges, entschiedenes Auflegen des Hörers!

Die rechtliche Situation des Telemarketing

Auf einen einfachen Nenner gebracht, ist es der Verbraucher selbst, der bestimmt, wem es erlaubt ist, ihn anzurufen. Ohne die Zustimmung des Kunden bzw. Interessenten darf das Telefon prinzipiell nicht zur Anbahnung von Verkaufsabschlüssen genutzt werden. Jedes unaufgeforderte Angebot, das am Telefon ausgesprochen wird, sollte unbedingt mißtrauisch machen. Renommierte Broker- und Bankhäuser verzichten auf diese aggressive Akquisitionstechnik, da sie sich dadurch in jedem Fall strafbar machen.

Der rechtlichen Situation des Telemarketings sind in Deutschland sehr enge Grenzen gesetzt, die jedoch aus strafrechtlicher Perspektive keinerlei Relevanz haben. Im Sinne des § 1 UWG verstößt die telefonische Kundengewinnung zweifellos gegen das Wettbewerbsrecht und die Gerichte haben bisher sehr restriktiv gegen die Beklagten entschieden. Anders stellt sich die Situation bei den europäischen Nachbarn dar. Bis auf Großbritannien, wo Anlagegeschäfte, die auf einen telefonischen Erstkontakt zurückzuführen sind, nur in Ausnahmefällen Gültigkeit besitzen, haben die meisten EU-Staaten keine geltenden gesetzlichen Bestimmungen für den Telefonverkauf. Teilweise liegen einige undifferenzierte Empfehlungen vor, die jedoch weder bindend noch rechtsgültig sind. Verstöße ziehen demnach keine Strafen nach sich. So zum Beispiel in den Niederlanden, Italien und Irland. In Frankreich wird nach einem Telefongeschäft lediglich ein schriftlicher Vertrag verlangt, und in Belgien billigt man dem Angerufenen eine gesetzlich geregelte Rücktrittsfrist von sieben Tagen nach Vertragsabschluß zu. Die bundesdeutsche Gesetzgebung erlaubt das Telemarketing im gewerblichen Bereich, wenn:

a) der Angerufene zuvor ausdrücklich oder konkludent sein Einverständnis erklärt hat;
b) bestehende Geschäftsbeziehungen vorliegen und der Anrufer sich ausschließlich auf diese bezieht. Das Merkmal der bestehenden Geschäftsbeziehungen wird vom Gesetzgeber sehr eng interpretiert. Unlängst wurde gegen eine Versicherung ent-

schieden, die einen Kunden ihres Hauses anrief, weil sie für dessen Sohn eine Versicherungsempfehlung aussprechen wollte;

c) der Werbeanruf den eigentlichen Geschäftsgegenstand des angerufenen Gewerbetreibenden trifft und

d) der Anrufer zwingende Gründe hat, die auf das Einverständnis des Gewerbetreibenden schließen lassen.

Bei einem sogenannten Kaltanruf aus der Brokerszene ist keine der o.g. Bedingungen auch nur annähernd erfüllt. Damit liegt ein klarer Verstoß gegen § 1 UWG vor. Auch ein vorangegangenes Mailing (Brief- und Prospektwerbung) ändert nichts an diesem Tatbestand. Telefonwerbung ist in Deutschland rechtlich nur dann unbedenklich, wenn der Anrufer sich das ausdrückliche Einverständnis des Angerufenen eingeholt hat, etwa durch ein Kreuzchen auf einer Werbekarte neben dem Satz: »Ich bin damit einverstanden, daß Sie mich auch telefonisch oder per Fax ansprechen.« Werbung per Telefax und Telex ist ähnlich wie das Telemarketing nur zulässig, wenn ein zwingender Grund vorliegt, gerade dieses Medium gewählt zu haben. Ein solcher Grund ergibt sich zum Beispiel aus der wirtschaftlichen Bedeutung des Anrufs für den Anleger, nicht aber aus der Eilbedürftigkeit (Börsengeschäfte sind schnelle Geschäfte), wie dies die Börsenhaie gerne vorgeben. Werbeschreiben jeder Art, insbesondere solche von untergeordneter Bedeutung, dürfen nicht über Telefax oder Telex verschickt werden. Bereits beim ersten Schritt der Kontaktaufnahme kann der Adressat rechtliche Schritte einleiten.

Abmahnungen

Bekunden Sie dem Anrufer gegenüber Ihr Interesse und lassen Sie sich Informationsmaterial zusenden. Dieses leiten Sie mit einer kurzen Darstellung des Sachverhaltes an den zuständigen Verbraucherschutzverband weiter. Von dort wird dem Börsenhai eine Abmahnung zugehen, die eine Bußgeldforderung bis zu 10000 Mark beinhalten kann. Für den Fall, daß der betroffene Börsenhai nicht zahlt, steht ihm eine Unterlassungsklage ins Haus. Diese Vorgehensweise wird die telefonische Belästigung durch die selbsternannten Broker drastisch reduzieren, da die Vermittler untereinander häufig in Kontakt stehen und sogenannte schwarze Listen austauschen, auf welchen Namen von Personen, bzw. Firmen verzeichnet sind, die mit Abmahnungen auf ungebetene Anrufe reagiert haben. Informationen hierzu erteilen Ihnen die:

Verbraucherzentrale Berlin, Bayreuther Straße 40, 10787 Berlin;

Verbraucherzentrale Nordrhein-Westfalen, Mintropper Straße 27, 40215 Düsseldorf.

Anlage- und Performance-Bewertung

Machen Sie es sich auf jeden Fall konsequent zum Prinzip, niemals einen Kauf zu tätigen, der auf einen Kaltanruf zurückzuführen ist. Es kann sich dabei nur um ein unseriöses Angebot handeln. Wenn Sie dennoch glauben, das Angebot, das man Ihnen unterbreitet hat, zähle zu dem verbleibendem einen Prozent, sollten Sie unbedingt zusätzliche Information einholen. Tun Sie dies auch und besonders dann, wenn der Anrufer von einer einzigartigen Chance spricht, die nur kurze Zeit gilt. Setzen Sie sich mit einer größeren Bank in Verbindung und lassen Sie sich von der Wertpapierabteilung ein Angebot erstellen, das dem des Anrufers gleichkommt. So können Sie Preise und Konditionen vergleichen und bringen in Erfahrung, ob der angebotene Wert überhaupt zum angebotenen Preis gehandelt wird. Auch die sogenannten Ratingagenturen bieten in diesem Zusammenhang ihre Dienste an. Die renommierteste ist wohl Standard & Poor's mit Sitz u.a. in London und Frankfurt am Main, ebenso die US-Agentur Moody's mit Sitz u.a. in Frankfurt.

Ratingsymbole

Bewertung	*Rating-symbol S & P*	*Raing-symbol Moody's*
Sehr gut		
Beste Qualität, geringes Risiko	AAA	Aaa
Hohe Qualität, Risiko leicht höher als	AA+	Aa1
in der Spitzengruppe	AA	Aa2
	AA−	Aa3
Gut		
Gute Qualität bei stabiler	A1	A+
Wirtschaftsentwicklung	A2	A
	A3	A−
Mittlere Qualität		
Mittlere Qualität bei wenig Stabilität und	BBB+	Baa1
negativer Wirtschaftsentwicklung	BBB	Baa2
	BB−	Baa3
Spekulativ		
wenig Qualität, eventuelle Positiv-	BB+	BA1
entwicklung in der Zukunft	BB	BA2
	BB−	BA3
Sehr spekulativ		
Fehlende Charakteristika eines	B+	B1
guten Investments	B	B2
	B−	B3
Hochspekulativ		
niedrige Qualität, geringer Anlegerschutz,	CCC	Caa
bereits in Zahlungsverzug	CC	Ca
	C	C
Notleidend	D	

Eine Geldanlage muß immer mit einer umfassenden Information einhergehen. Verlassen Sie sich niemals auf eine einzige Meinung, besonders dann nicht, wenn sie von einem Telefonverkäufer geäußert wird. Für die Einleitung gerichtlicher Schritte gegen einen Berater kann es von großem Vorteil sein, wenn Sie einen Gutachter zur Performance-Bewertung hinzuziehen. Aber auch hier ist größte Vorsicht geboten. Peter Max Freiherr von Lepel gründete Ende der 80er Jahre die Schutzvereinigung der Sozial-

und Privatversicherten, Sparer und Kapitalanleger e.V. in Heilbronn und nutze sie fortan, um bestimmte Produkte des Anlagemarktes mit einem Gütesiegel auszuzeichnen. Nur wenigen Produkten wurde diese Auszeichnung zuteil. Lediglich die Empfehlungen der Firma BDF, Betreuungsgesellschaft Deutscher Finanzkaufleute und Finanzmakler mbH, ernteten regelmäßig wohlwollende Aufmerksamkeit und das Gütesiegel. Die Mitglieder der Heilbronner Schutzvereinigung und die Verkäufer der BDF ließen gegenüber den Anlegern keine Zweifel offen: Hier war Seriosität garantiert. 50 Millionen Mark flossen unterstützt durch diese verkaufsstarke Technik u.a. in Aktien und Blind pools der amerikanischen Firma Rocam Capital Management, ebenfalls eine Empfehlung der BDF, ausgezeichnet mit einem Gütesiegel. Daß von Lepel auch Geschäftsführer der BDF war, erfuhren die Anleger indes erst, als die Justiz die Machenschaften des Freiherren aufdeckte. Einen einfachen Trick praktizierte die AGV, allgemeine Gutachterstelle und Verlag Wirtschaftsreport GmbH aus Voerde. Zur Beurteilung, ob sich für den Anleger rechtliche Schritte lohnen, bot die Firma den Geschädigten, die sich hilfesuchend an die AGV gewandt hatten, Gutachten zur Bewertung des Sachverhaltes an. Standardaussage: Die Sachlage deutet auf Erfolg hin.

Eine professionelle und seriöse Dienstleistung erhalten Sie beim:

I.P.Q., Erlenstegenstr. 10, 90491 Nürnberg, Tel. 0911/9 59 92 0.
Das Institut für Performancemessung, Erstellung & Kontrolle von Qualitätsstandards bei Kapitalanlagen ist ein neutrales Prüfinstitut, das Finanzdienstleistungen prüft, mißt und begutachtet.

Vorsicht, wenn Sie sich wahllos an eine Beratungsfirma oder Anlegerschutzorganisation wenden. Viele sind Tochtergesellschaften größerer Abzockerhäuser und stehen den Angeboten und Anlagestrategien selbstverständlich wohlwollend gegenüber. Unter dem Deckmantel der objektiven Beratung werden so neue Kunden geködert und verunsicherte Kunden ihrer Zweifel enthoben. Vor allem die größeren Abzockerhäuser leisten sich diese gerissene Form der Werbung.

Sollten Angebot und Konditionen überraschenderweise doch seriös sein, ist immer noch größte Vorsicht geboten. Im Zuge zunehmender Aufklärung durch die Medien und einer aggressiven Expansionspolitik des Mitbewerbs gehen immer mehr Börsenhaie dazu über, seriöse Einstiegsgeschäfte zu tätigen, um den somit Überzeugten spätestens beim Ankauf des zweiten Wertes über den Tisch zu ziehen.

Prospekthaftung

Der Vermittler ist verpflichtet, im Prospekt detaillierte Angaben über die Anlageform und die damit verbundenen Risiken zu formulieren. Läßt sich nachweisen, daß der Prospektherausgeber bzw. -autor bewußt falsche Angaben gemacht hat, können Haftungsansprüche angemeldet werden. 1995 gelang es einem Kunden der Düsseldorfer Firma First Futures Broker, nachzuweisen, daß die Firma über die tatsächlichen Risiken der Terminspekulation nicht wahrheitsgemäß aufgeklärt hatte. Mit Hilfe seines Anwaltes erhielt der Geschädigte seinen gesamten Einsatz zurück.

Doch in solchen Fällen ist Eile geboten, denn bereits sechs Monate, nachdem von dem Schaden Kenntnis genommen wurde, verfallen etwaige Ansprüche.

Sich auf den Termineinwand zu berufen, ist dem Anleger seit der Gesetzgebung von 1989 erschwert. Vor diesem Zeitpunkt konnten die verlustgeschädigten Anleger beim Brokerhaus ihre Einlagen einfordern, sofern sie nachweisen konnten, über die Risiken des Termingeschäftes nicht aufgeklärt worden zu sein. Diese Rechtsgrundlage veranlaßte selbst etablierte Brokerhäuser zu entsprechenden Schritten. So galt die deutsche Repräsentanz des amerikanischen Marktführers Merryl Lynch nicht als hundertprozentige Tochter des Stammhauses und verfügte lediglich über geringes Geschäftskapital, um eventuellen Schadensersatzforderungen nicht Folge leisten zu müssen. Seit 1989 müssen Kunden bei Termingeschäften einen Hinweis unterschreiben, der sie über die Risiken der Spekulationsform aufklärt. Ist dies nicht erfolgt, kann der Anleger den Termineinwand geltend machen.

Vertragskündigung

Wenn Sie bereits einen Abschluß bei einem Börsenhai getätigt haben, sollten Sie versuchen, zu retten, was zu retten ist. Es ist besser, wenigstens einen Teil der Einlage zurückzuerhalten, als völlig leer auszugehen. Der wichtigste Schritt ist die Vertragskündigung. Diese sollte der Anlagefirma auf jeden Fall schriftlich und per Einschreiben zugehen. Formulieren Sie darin die Kündigung Ihres Vertrages mit sofortiger Wirkung und verlangen Sie die Auszahlung des angelegten Geldes. Ist der Börsenhai nicht bereits mitsamt Ihres Geldes über alle Berge, wird man Sie mit aller Wahrscheinlichkeit telefonisch zu überzeugen suchen, das Konto bzw. die Anlage unbedingt aufrechtzuerhalten, um dadurch etwaige Verluste wieder auszugleichen. Die Kundenrückgewinnungsquote in solchen Fällen liegt für die Anlagefirma bei mehr als 80%. Wieder gilt der Grundsatz: Lassen Sie sich auf keine Diskussion ein, verweisen Sie auf die schriftliche Kündigung und die Hinzuziehung eines versierten Anwaltes.

Zivilrechtliche Schritte

Das Börsengesetz von 1896 in der Fassung vom April 1975 ist die Rechtsgrundlage des deutschen Börsenwesens. Seit dem 1. Januar 1979 gibt es in der Bundesrepublik das Wertpapier-Handelsgesetz. Danach sind Wertpapierberater deutscher Banken und Sparkassen, also alle inländischen Geldinstitute, die in Deutschland an einer Börse zum Handel zugelassen sind, verpflichtet, sich genauestens über den finanziellen Hintergrund und die individuelle Spekulationsabsicht jedes Kunden zu informieren. In Amerika ist dies längst üblich. Privatkunden, die ein Wertpapiergeschäft tätigen möchten, müssen ihre finanziellen Verhältnisse offenlegen. Deutsche Banken werden dem Gesetz gerecht, indem sie einen Fragebogen einsetzen: Das treibt den Kunden wieder in die Arme des Geldhaies, der dem Gesetz nicht unterliegt und keine Fragen stellt. Der Bankberater kann nicht länger nach Gutdünken die Entscheidung treffen, ob sein Kunde Sparverträge, Aktien, Fonds oder Optionen kaufen sollte. Versäumt der Berater die Abstimmung mit den individuellen Finanzbedürfnissen des Kunden, kann er bzw. die Bank im Schadensfall haftbar gemacht werden. Diese Gesetzgebung soll dem Anleger zum Wohle geraten, doch solange sich das Wertpapier-Handelsgesetz ausschließlich auf Banken und Sparkassen bezieht, reiben sich die Schwindelbroker die Hände: Der Graue Kapitalmarkt prosperiert nach wie vor uneingeschränkt. Da mutet es etwas seltsam an, wenn die Deutsche Bank vor dem Frankfurter Amtsgericht (Aktenzeichen 31 C 3752/94-44) auf Schadensersatz verklagt wird, weil dem Kundenwunsch nach einer risikofreien Anlage nicht entsprochen wurde und statt dessen 10% Verlust (= 5000 Mark) eingefahren wurden. Dem entgegen steht der Graue Kapitalmarkt: Hier verschwinden jährlich Gelder in zweistelliger Milliardenhöhe, und der Gesetzgeber sieht tatenlos zu.

Sie sollten genauestens abwägen, ob sich die Einleitung zivilrechtlicher Schritte in Ihrem speziellen Fall lohnt. Haben Sie Anlagen in den Bereichen Penny stocks oder Warentermin getätigt, überprüfen Sie zunächst selbst, ob das Vertragswerk, sofern ein solches existiert, einen Risikohinweis enthält. Bei Penny-stock-Spekulationen muß der Vertrag zusätzlich über den Spread, die Spanne zwischen ask (Ankaufspreis) und bid (Verkaufspreis), aufklären. Nach der gängigen Rechtsprechung ist die Anlagefirma verpflichtet, ihre Kunden ausdrücklich, vollständig und richtig über alle Risiken aufzuklären. Anderenfalls kann der Anleger den Vorwurf einer vorsätzlich sittenwidrigen Schädigung erheben. Sofern der Vertrag Klauseln über Festlegungsfristen enthält, müssen Sie wissen, daß in solchen Fällen nur fällige, aber nicht erfüllte Ansprüche zivilrechtlich verfolgt werden können. Tragen Sie alles zusammen, was der Beweisführung dienlich sein könnte. Dazu zählen Firmenpublikationen, die Ihnen zugegangen sind, sowie alle Unterlagen, die mit dem Kaufabschluß und der Kontoführung in Verbindung stehen. Von besonderem Vorteil kann es sein, wenn Sie einen oder mehrere Zeugen für das Abschlußgespräch mit dem Vermittler benennen können.

Zum Tatbestand des Anlagebetrugs gibt es mittlerweile eine

Vielzahl von bundesdeutschen Urteilen. Neben dem Tatbestand des Betrugs (etwa bei Nichtanlegen des Geldes oder bei Kursmanipulationen von Penny stocks) ist für eine zivilrechtliche Verfolgung bereits die Verleitung zu Börsengeschäften möglicherweise genügend Anlaß für ein Verfahren.

Im Vergleich zu der Anzahl der Betrogenen ist die Anzahl der geführten Prozesse äußerst gering. Dies liegt zum einen daran, daß viele Geschädigte sich aus Scham nicht an die zuständigen Stellen wenden, vor den immensen Kosten und Schwierigkeiten, die mit einer Prozeßführung verbunden sind, zurückschrecken oder Schwarzgeld investiert und Angst vor dem Fiskus haben. In vielen Fällen sind die Chancen auf Erfolg derart gering, daß das eingetriebene Geld nicht einmal die Kosten des Verfahrens decken kann. Noch häufiger kommt es vor, daß die Klage ins Leere läuft, weil der Betrüger mitsamt des ergaunerten Geldes abgetaucht ist.

Außerdem ist es keine Seltenheit, daß die zuständigen Ermittlungsbehörden nur schwerfällig agieren. Manchmal gehen Jahre ins Land, bis eine richterliche Entscheidung überhaupt erwartet werden kann. Elf Jahre dauerte es z.B., bis ein Urteil gegen den Börsenhai Ewald Baumeister und seine WIB gefällt werden konnte. Selbst dort, wo Vorfälle von verschiedenen Staatsanwaltschaften bearbeitet werden, hat dies nicht zwangsläufig nennenswerte Endergebnisse zur Folge. In der Zwischenzeit gehen die Börsenhaie weiter auf ihre Opfer los und richten immer größeren Schaden an.

Die Behörden, wenn sie denn in Bewegung geraten, sind häufig hoffnungslos überfordert, leiden an starren Verwaltungsmechanismen und an Personalmangel – vor allem fehlt es an versiertem Fachpersonal für das Thema Anlagebetrug. Fehlt es an der nötigen Kooperation zwischen den entsprechenden Stellen, kann es leicht vorkommen, daß ein Fall verjährt und in den Akten verschwindet.

Bedenken Sie auf jeden Fall, daß ein gewonnener Prozeß keineswegs bedeutet, daß Sie Ihr Geld zurückerhalten. Nur selten können vorhandene Titel realisiert werden. Und bei jedem Versuch, diesen während seiner 30jährigen Gültigkeit erneut durchzusetzen, entstehen wieder Kosten, während der Betrüger vielleicht Dank Ihres Geldes in sonnigeren Gefilden weilt. Die kompetente Einschätzung der Erfolgschancen bei einem Prozeß und die Abwägung des Kosten-Nutzen-Verhältnisses des jeweiligen Einzelfalles kann nur ein Rechtsanwalt vornehmen, der im Bereich Wirtschaftskriminalität und speziell im Bereich Anlagebetrug über weitreichende Erfahrung verfügt. Erste Hindernisse können bereits bei der Suche nach einem geeigneten Rechtsvertreter auftreten, da Anwälte mit ihren Fachgebieten nur bedingt werben dürfen.

Der Frankfurter Anwalt Heinz Nikolaus Hupfer ließ sich gern in aller Öffentlichkeit als Wirtschaftsjurist, ein Titel, den er wohl selbst ersonnen hatte, feiern. Zur Unterstützung seiner Honorigkeit gründete er einen Verein für Kapital- und Anlegerschutz, VKA: Die Spesen, die er für seine Ermittlungen erhob, waren ebenso extravagant wie sein Lebensstil. Nachdem ihm die Staatsanwaltschaft immer näher rückte, gab Hupfer 1987 seine Zulassung aus gesundheitlichen Gründen zurück. Seine angeschlagene Gesundheit hinderte ihn jedoch nicht daran, eine neue Firma, die EPN, European Principal Management GmbH, ins Leben zu rufen. Diese war nichts anderes als eine Geldsammelfirma, die wertlose Penny stocks unter das anlagefreudige Volk brachte.

Auch die Zwischenschaltung eines standesberuflichen Treuhänders stellt nicht unbedingt eine Seriositätsgarantie dar: 1995 verurteilte das Oberlandesgericht Hamm einen Notar zu 100000 Mark Schadensersatz, weil er ein betrügerisches Millionengeschäft unterstützt hatte. Die Anlagefirma Plus Concept GmbH (PC) aus Hannover und die FT Consulting GmbH aus Düsseldorf, mit Sitz auf den Cayman Islands, haben insgesamt 25000 Anleger um 300 Millionen Mark geprellt. Im August 1995 wurden die verantwortlichen Geschäftsführer beider Firmen, Rainer Kein und Hans-Hermann Gromeier, wegen Betrugsverdacht verhaftet. Eine Neusser Rechtsanwalt ist maßgeblich in die Affäre verwikkelt, auch er soll als Treuhänder fungiert haben. Hinzu kommt, daß in den meisten Fällen, die zur Verhandlung gebracht werden, der Streitwert nicht unbeträchtlich ist und der Rechtsvertreter stattliche Honorare in Rechnung stellen kann. Die Aussicht ist verlockend, und so wird manch ein Anwalt nach eigener Einschätzung zum Experten. Verlassen Sie sich also keinesfalls auf Eigenreferenzen, sondern holen Sie sich gezielt Informationen ein. Die Anwaltskammern oder Anwaltssuchdienste unterstützen zuverlässig und schnell bei der Suche nach einem kompetenten Juristen. Bundesweit haben sich u.a. folgende Anwaltskanzleien zum Thema Anlagebetrug verdient gemacht:

Michael Christian Rössner in München
Klaus Dittke und *Joachim K. Schweiger* in Düsseldorf
Jürgen Machunsky in Göttingen

Ein zivilrechtliches Verfahren bedeutet für den Kläger zunächst, daß ihm alle Kosten zufallen. Das Anwaltshonorar errechnet sich entweder nach der Bundesrechtsanwaltsgebührenordnung (Brago), die sich nach dem jeweiligen Streitwert richtet, oder es wird ein freies Honorar gemessen am Beratungsaufwand festgesetzt. Weiterhin werden Gerichtskosten und Honorare für den Anwalt der Gegenpartei fällig. Arrestverfahren, Korrespondenzanwälte oder einstweilige Verfügungen verursachen zusätzliche Kosten. Dies ändert sich natürlich, kann der Börsenhai dingfest gemacht werden. Rechtsschutzversicherungen gewährleisten dann einen Versicherungschutz, wenn der Kläger strafrechtlich argumentiert und den Geldhai z.B. wegen Betrugs verklagt. Ansonsten muß der Versicherungsschutz eine Klausel über den allgemeinen Vertragsrechtsschutz beinhalten, wodurch er bereits bei Fehlberatung oder Verletzung der Aufklärungspflicht in Kraft tritt.

Im Falle von Steuerhinterziehung

Ob überhaupt rechtliche Schritte eingeleitet werden, entscheidet der Betrogene entsprechend der Beschaffenheit des eingesetzten Kapitals. Viele Anleger wittern in den Angeboten des Grauen Kapitalmarktes die Chance, Schwarzgeld vom Finanzamt ungesehen an die Seite zu schaffen. Die Angst vor der Steuerfahndung läßt den Anleger vor rechtlichen Schritten zurückschrecken. Eine glückliche Fügung für den Finanzhai. Neukunden werden geschickt mit diesem Lockangebot hinter das Licht geführt und mit dem Verweis auf Schwarzgeldunterbringung geködert. Der Finanzhai hat freies Spiel und der Kunde eine leere Schwarzgeldkasse. Nicht erst einmal ist es vorgekommen, daß Steuerhinterzieher, die in die Fänge eines Anlagehaies geraten sind, zum Mittel der Selbstjustiz gegriffen haben. Ex-Börsenhai Klaus M. aus Frankfurt hat nach einem Überfall durch ein, wie er glaubt, bestelltes Rollkommando eines Kunden mehrere Monate mit Schädelhirnverletzungen im Krankenhaus gelegen und lebt heute als Sozialhilfeempfänger am Stadtrand von Frankfurt.

Sobald Klage wegen Anlagebetrugs erhoben wird, ist automatisch die Steuerfahndung eingeschaltet. Spätestens dann kommen Steuernachzahlungen sowie ein Gerichtsverfahren wegen Steuerhinterziehung auf den Anleger zu. Die Angst vor der Steuerfahndung ist meistens größer als der Schmerz um das verlorene Kapital. In solchen Fällen ist Selbstanklage eine Chance, die Karten offen und gefahrlos auf den Tisch zu legen. Hat das Finanzamt noch kein Verfahren gegen den Steuerhinterzieher eingeleitet, kann dieser die Gelegenheit zur Selbstanklage nutzen. Das Finanzamt verzichtet dann auf ein gerichtliches Verfahren, die hinterzogenen Steuern müssen selbstverständlich zurückerstattet werden.

Um weiter im Geschäft bleiben zu können, sind viele Firmen bereit, sich außergerichtlich zu einigen. Sofern die eingesetzten Summen nicht zu hoch waren, werden sie unter dem Druck des Anlegers stillschweigend an diesen zurückerstattet.

Detekteien

Neben einem kompetenten Rechtsvertreter kann es von Vorteil sein, weitere Ermittler hinzuziehen. Man sollte jedoch auch hier immer abwägen, ob sich dieser Schritt lohnt. Als Faustregel gilt: Je höher der Verlust, um so eher lohnen zusätzliche Ermittlungen auf eigene Faust. Obwohl Branchenbücher von Detekteien überquellen, ist es nicht einfach, den richtigen Partner zu finden, denn es gibt nur wenige Spezialisten, die mit der Thematik wirklich vertraut sind. In der Bundesrepublik gibt es ca. 10 bis 15 Detekteien mit dem Spezialgebiet Kapitalverbrechen. In dieser Branche tummeln sich neben einigen wenigen Fachleuten und selbsternannten Küchentisch-Nick-Knattertons auch skrupellose Abzocker, die hier eine weitere Gelegenheit zum Abzocken aufgespürt haben. Bei der Auswahl einer seriösen Detektei können Sie u.a. Auskünfte über den

Bund Deutscher Detektive (BDD) in Bonn

oder den

Bund Internationaler Detektive (BID) in Würzburg
einholen.

Bevor Sie einer Detektei einen Auftrag erteilen, sollten Sie sich genauestens über die Honorarsätze und alle mit der Ermittlung zusammenhängenden Kosten informieren. Stardetektive verlangen Tagessätze von ca. 6000 D-Mark zzgl. Spesen und einem prozentualen Anteil am eingetriebenen Geld. Detekteien, die sich um die Thematik verdient gemacht haben, sind u.a.:

KDM Sicherheitsconsulting in Frankfurt,
FLU Wirtschaftsfahndung in Düsseldorf,
Privat Detektei Fuchsgruber in Saarbrücken.

Anlegerschutzgemeinschaften

Risiko und Aufwand im Zusammenhang mit einem gerichtlichen Verfahren kann der Geschädigte um ein Vielfaches reduzieren, wenn er sich an eine Interessengemeinschaft wendet. Doch Vorsicht, bei der Auswahl einer solchen Organisation kann es leicht geschehen, daß der Anleger ein weiteres Mal geprellt wird. Nach größeren Anlagepleiten formieren sich in Windeseile verschiedenste Anlegerschutzgemeinschaften, die nur allzu oft aus den Reihen der Betrüger stammen und gegen Bares ihre zweifelhaften Dienste anbieten. Hinter dem Versprechen, den Betrogenen zu helfen, steht profane Geldgier. Die Geschädigten werden erneut zur Kasse gebeten, ohne daß es jemals zu nennenswerten Ergebnissen käme.

Jeder, der sich dazu berufen fühlt, kann sich in deutschen Landen mit dem Titel Verbraucherschützer aufputzen. Und es sind nicht wenige, die auf diesem Weg ihr finanzielles Glück suchen und finden. Nach der Millionenpleite der UES, Gesellschaft für Anlagebetreuung mbH, mußte sich der ehemalige Prokurist der Firma, Anton Heinrich, nach einer neuen Einnahmequelle umsehen. Da er bereits bei der UES sein finanzielles Geschick unter Beweis gestellt hatte, immerhin entkam er der U-Haft gegen eine nicht unbeträchtliche Kautionssumme, blieb er den sprichwörtlichen Leisten treu. In überregionalen Tageszeitungen suchte er nach Opfern des Spekulationsgeschäftes und bot als Spezialist für Anlagebetrug schnelle und diskrete Hilfe an. In allen juristischen Belangen sollte ihm, so versprach er seinen Kunden, ein Anwalt, ebenfalls Experte auf diesem Gebiet, zur Seite stehen. Dieser war kein anderer als sein eigener Strafverteidiger.

Die übliche Masche ist, dem Kunden vorzugaukeln, man könne sein Geld wieder zurückholen. Daß dies Kosten verursacht, leuchtet ein, und die vermeintlichen Rächer der Betrogenen bitten im voraus kräftig zur Kasse. Bis zu 20% der Anlagesumme oder Fixbeträge ab 10000 Mark aufwärts werden kassiert. Ein lukratives Geschäft in dieser Branche betrieb 1994 der Düsseldorfer Ex-Warenterminhändler Ralf Kimmeck. Seit Beginn der 90er Jahre hatte er seinen Kunden mit Renditeversprechnungen von 100% Geld für fragwürdige Warentermingeschäfte aus der Tasche gezogen. Als seine Abzockerhöhle, die Confirming Broker Handelsmakler GmbH (kurz CBH) Konkurs anmeldete, gingen hunderte von geneppten Kunden leer aus: Bei Kimmeck war nichts mehr zu holen. Der findige Möchtegern-Broker entwickelte schnell eine neue Geschäftsidee und avancierte vom Betrüger zum anlegerschützenden Saubermann. Seine IMR, International Money Research, warb Kunden mit dem Versprechen, sich um verlorene

Gelder im Falle von Anlagebetrug zu kümmern. An Aufträgen mangelte es Kimmeck nicht, denn bei seinen neuen Aktivitäten griff er beherzt auf den Kundenstamm seiner alten Abzockerfirma zurück. Gegen Vorauszahlung versprach er, Jagd auf das Böse – nämlich sich selbst – zu machen. Es hat sich in der Branche wohl herumgesprochen, daß man auch als Anlegerschützer viel Geld verdienen kann, schließlich erlebt dieser Geschäftszweig seit einigen Jahren einen regelrechten Boom. Raffinierte Abzocker von heute betreiben bereits ihr eigenes Anlegerschutzunternehmen.

Nachwort

Über den grauen Kapitalmarkt, die Wirtschaftskriminalität, den Kapitalanlagebetrug, die Risiken bei Börsenspekulationsgeschäften, vor allem aber über die Übeltäter, die Abkassierer, die »Geldhaie« wurde in der jüngeren Vergangenheit viel geschrieben. Angesichts dessen mag sich mancher Leser anfangs gefragt haben, was denn zu diesem Thema jetzt noch Neues, nicht bereits Gesagtes beigetragen werden kann.

Umso mehr überrascht und beeindruckt das Buch von Marita Thiel. Mit ihrer Arbeit stößt die Autorin nicht einmal mehr in das Horn der Mahner und Warner. Vielmehr setzt sie sich eingehend mit der Psyche der Täter und deren Motiven auseinander. Doch nicht nur das: Ungewöhnlich schonungslos hält sie vor allem den echten und vermeintlichen Opfern einen Spiegel vor. Sie beweist gerade diesen Bedauernswerten, nicht selten sich selbst Bemitleidenden, daß sie ein gerüttelt Maß an Mitverantwortung tragen dafür, daß ein Markt wie der sogenannte »graue« überhaupt existiert.

Marita Thiel rahmt ihr aufschlußreiches Werk ein mit einem häufig wiederholten, doch viel zu selten befolgten Rat: Das potentielle Opfer möge sich doch am besten und nachhaltigsten dadurch schützen, daß es im Falle eines unaufgeforderten, einschlägigen Telefonanrufs unverzüglich den Hörer auflegt. Ihre Arbeit hebt sich dann jedoch von vergleichbaren Büchern zum Thema dadurch ab, daß sie in für Täter und Opfer entlarvender Weise darlegt, warum die Warnungen und Ratschläge der Verbraucherschützer auf so wenig Resonanz stoßen.

Akribisch beschreibt sie Psyche und Verhaltensweisen der Täter und ihrer Opfer. Vor unseren Augen wird eine Welt lebendig, die sich beiderseits auf der Grundlage menschlicher Unzulänglichkeiten entfaltet. Gier, Eitelkeit, Schwäche, Weltfremdheit und Ahnungslosigkeit sind die Säulen, die diese Welt tragen. Auf der Täterseite kommen Rücksichtslosigkeit, Brutalität und kriminelle Energie hinzu. Die Lektüre des Buches macht eines unmißverständlich und mit nie dagewesener Deutlichkeit klar: Nicht jedermann ist ein für die Börsenhaie geeignetes Opfer. Die Zahl derer aber, die sich wie das sprichwörtliche willige Lamm zur Schlachtbank führen lassen, ist zu groß, als daß man sie – und sei es mit dem Argument eigenen Verschuldens – ihrem Schicksal überlassen könnte.

Marita Thiel gibt den Menschen, die zunächst einmal ein Opfer ihrer eigenen Schwäche sind, um deshalb eine allzu leichte Beute gerissener Anlagebetrüger zu werden, mit ihrem Buch eine Lebenshilfe im Umgang mit dem alltäglichen Betrugsversuch an die Hand. Allerdings muß der Betroffene zuvor bereit sein, sich selbst den Spiegel vorzuhalten. Denn erst wenn er es schafft, sich selbst als den »Spieler«, den »Labilen«, den »Gierigen« oder den »Unerfahrenen« zu erkennen, hat er die Chance, in dem ungebetenen Anrufer den Abzocker, den Wirtschaftskriminellen zu erkennen.

Die von der Autorin nachgestellten Telefongespräche zwischen Täter und (potentiellem) Opfer bieten praktische Lebenshilfe im Umgang mit einer heute nicht mehr wegzudenkenden Vertriebsmethode: dem Telemarketing. Nicht allein wegen der Schädigung unserer Mitmenschen im grauen Kapitalmarkt, sondern auch wegen der Diskreditierung ebendieser Vertriebsart durch den unlauteren Telefonverkauf der Börsenhaie ist eine kritische und erhellende Auseinandersetzung mit dem Telemarketing geboten. Wer es versteht, mit dem Medium Telefon umzugehen, wer vor allem zu ermessen vermag, welcher Technik, ggf. welcher Tricks, sich der Gesprächspartner am anderen Ende der Leitung gerade bedient, der wird im Ernstfall auch ein Opening- oder Loadinggespräch unbeschadet durchstehen und sich hierbei vielleicht sogar amüsieren. Geradezu fasziniert aber wird derjenige sein, der seine eigenen menschlichen Schächen erkannt und damit umzugehen gelernt hat, wenn er bei Gelegenheit eines Gesprächs mit einem Möchtegern-Broker dessen Gesprächstechnik durchschaut und nun aus der neugewonnenen kritischen Distanz zu sich selbst beobachtet, wie zwar die von seinem Gegenüber eingesetzten Überredungskünste auf ihn einwirken, die neugewonnene Widerstandskraft aber nicht zu überwinden vermögen. Der so Gewappnete wird vielmehr die böse Absicht des Gesprächspartners gegen diesen selbst wenden und ihn bloßstellen können.

Die detaillierten Kenntnisse der Autorin über die Geschäftspraktiken der Börsenhaie, die akribisch aufgezeichneten Opening- und Loadinggespräche erstaunen. Sie sind dem Umstand zuzurechnen, daß die Autorin selbst in der Szene auf der Seite der Übeltäter gearbeitet hat. Sie gibt also Insiderwissen zum Besten. Muß uns dies nicht veranlassen, sofort auf Distanz zu gehen? Oder kann überhaupt nur jemand aus der »Szene« zutreffend beurteilen, was sich dort abspielt?

Marita Thiel ist selbständige Beraterin für Kommunikation und Vertrieb. Ihr Spezialgebiet ist das Telemarketing, mit dessen Instrumentarium heute mehr und mehr der Weg zum Kunden gesucht und in der Folge seine Betreuung geleistet wird. Die wißbegierige Autorin hörte von wahren Wunderdingen, die der Telefonvertrieb im Anlagegeschäft zustande brächte. Für sie war klar, daß sie der Sache schon im Interesse der eigenen Fortbildung auf den Grund würde gehen müssen. Sehr bald aber entzauberte die kriminelle Realität dieser Szene ihre zunächst gehegten Illusionen und schuf der Erkenntnis Raum, daß hier Schindluder getrieben wurde mit einer ansonsten guten, jedenfalls wertneutralen Sache.

Marita Thiel machte aus der Not eine Tugend: Sie sammelte fortan Informationen und begann, ihre Erfahrungen zu notieren. Die Eitelkeit und das Bedürfnis nach Selbstdarstellung der Telefontäter kamen ihr dabei entgegen. In prahlerischer Manier waren sie bereit, die Geheimisse und Tricks ihres »Telemarketings« preiszugeben. So entstand das intime Psychogramm einer Tätergruppe. Es gelang aber auch eine authentische Charakterisierung der Opfer, die von den Börsenhaien mit tiefster Verachtung bedacht und beschrieben wurden.

Marita Thiel nennt in ihren Schilderungen Roß und Reiter. Selbst wenn sie durch die Veröffentlichung dieses Buches für die Szene »verbrannt« sein dürfte, so wird dennoch schon ihr bis hierher erworbenes Wissen für den Verbraucherschutz von großem Wert sein. Ihre mutige Haltung verdient Respekt und Bewunderung. Denn sie begeht mit ihrem Buch eine Indiskretion der bemerkenswerten Art. Die potentiellen Opfer, aber auch alle mit dem Verbraucherschutz Befaßten, sind ihr hierfür zu Dank verpflichtet.

Klaus Dittke
Rechtsanwalt am Oberlandesgericht Düsseldorf

Verzeichnis der Abkürzungen

AMEX	American Stock Exchange
CBOT	Chicago Board of Trade
DTV	Deutscher Terminhandel Verband
FiFa	Bundesverband für Finanzdienstleistungen
GO	Gewerbeordnung
NASD	National Association of Securities Dealers
NASDAQ	National Association of Securities Dealers' Automated Quotation System
NYSE	New York Stock Exchange
OTC	Over the Counter
SEC	Securities Exchange Commission
UWG	Gesetz gegen unlauteren Wettbewerb

Aus unserem Programm

Martin Born

Landliebe, Filz und Betrug

Die Südmilchpleite

1996. 207 Seiten mit Abbildungen
ISBN 3-593-35484-5

Martin Born geht der heißen Spur eines nur scheinbar ganz normalen Firmenabsturzes nach und kommt dabei zu höchst aufschlußreichen Ergebnissen. Er liefert Einblicke in das verworrene Beziehungsnetz inner- und außerhalb der Stuttgarter Südmilch-Molkerei und dessen fatale Auswirkungen auf das bäuerliche Genossenschaftswesen. Dieser Wirtschaftskrimi beschreibt den Niedergang der Südmilch als Folge hanebüchenen Mißmanagements und der hemmungslosen Neigung des ehemaligen Vorstandsvorsitzenden Wolfgang Weber, seine privaten mit den geschäftlichen Interessen zu verquicken.

Martin Born konnte sich bei seiner Recherche exklusiv auf die Aufzeichnungen des langjährigen Aufsichtsratsvorsitzenden der Südmilch stützen. Heraus kamen erstaunliche Querverbindungen, wie die zur Marmeladenfirma Zentis, zum Heidelberger Bauunternehmer Roland Ernst und zu etlichen anderen.

Ein »Wirtschaftskrimi« vor schwäbischer Kulisse. Feine Herren, die mit Firmen und Menschen spielen und dabei nur an eines denken: ihr eigenes Schäflein ins Trockene zu bringen.

Campus Verlag · Frankfurt/New York